EASTER WORD SEARCH PUZZLE BOOK FOR KIDS

Disclaimer

Copyright © 2023

All Rights Reserved

No part of this eBook can be transmitted or reproduced in any form including print, electronic, photocopying, scanning, mechanical, or recording without prior written permission from the author.

While the author has taken the utmost effort to ensure the accuracy of the written content, all readers are advised to follow information mentioned herein at their own risk. The author cannot be held responsible for any personal or commercial damage caused by information. All readers are encouraged to seek professional advice when needed.

About the Author

Abe Robson is passionate about word search and crossword puzzles.

Word Search puzzles are a fun away to enhance general knowledge, problem solving and vocabulary for people of all ages.

Kids in particular can speed up their cognition and problem solving and shoot ahead of their classmates.

Abe Robson has written over 20 puzzle books for your pleasure and education. Check them out below:

https://www.amazon.com/stores/author/B08JC31M46/

Easter Common Terms 1

```
            X D U V O Q
          U P C Z V E L D
        F Y N J Z I M P Q Q
      M I Q Q V G A Q F D O A
    R P L B P Z J J W G G F P Y
    D T E Q H R O J C S G B N P
  U H E T M A B F W H P A G N L M
  B U K L X U O F M R N N P Y Z F
E B S S L R H N U W O Z G M Q P X A
W X K A E E A S T E R S U N D A Y N
U L C B A C O L W T K M J U Z H U U
Y M I L D R W W A C A J M T E Y D H
  B H R B Z J N T E Z L H K T G F
    V C R C O N D Z G V A Y Y F O G
      A K K U P V R C M D N N O P
        T T P L Z V R A D N B M
          R A P I A P E J U U
          R H J A L J Q N B A
            J P J Y K O Q
              S W U A H
```

Easter Sunday

Bunny

Egg

Basket

Ham

Lily

Chicks

Easter Common Terms 2

```
            X Y L X R A
          O Q X G H W B W
        T B G Y N M O M L G
      S V K G H Y V I S I I C
    C Y K K G H H G B L H M E D
    W M F I E U C Z Z S F S P Z
  N J E V V H W M N Q K B G U F I
  C N R X S G M S Q U O G C F T R
G E L P E E P S W T U R D U I N N X
P O Q M D T D L L E O D B Y A N K T
T F Z R W A V E C I V R E S X W E X
N Q E H A L C K Q X L R R T S J K Y
  V F E C O Y R K X L S C A Z Q T
  J N R O C V Q F O E S H I C C X
    J R F O J Z A J Q L L O R Z
      V B H M B T G D N D R C
        V C V Z H E U M V O
        K G K S Y J L W R A
          Y S V Z L U A
            D U W A I
```

Service

Brunch

Carrots

Egg Roll

Chocolates

Peeps

Easter Common Terms 3

```
              T A A Z H S
            T Q B Q Z V C R
          K X M R R N J F S X
        E C U B R O V F K S R V
      R C B K O P X G C R A F T S
      W N T I R R S R F C M G U G
    K J U M H W N V C Z V Y F P E Y
    L C Q X O U J I W A G A M E S G
  P S O Q U B L W S C F S D C W H P X
  K A M R G Y B V U P E D N Y H K J Y
  S E S R E V E L B I B C U Z C W C J
  N U N W X Z C P Z C L Z S F Q Y H O
    C T P K Z P F O N Q S I F Y B L
    Q O M W X L L S I B S E C P N I
      M V S A Z D I C N A F K S
        A I W A M T F D O Y O B
          M A Y L B H Z I F K
          N T N X Y B I E P O
            P Y G K E B X
              F F D M G
```

Sunday Mass

Buns

Games

Crafts

Bible Verses

Picnic

Easter Common Terms 4

L I D B L Z

F A Y J A Y X N

N V K I F C R O S S

D W B Z Q G C R M N D V

N O U T F I T S E O O P F O

E U H D K P B U Q Q I A O T

O E O G O X A F I Z Q T Y D N A

J A C Z Q G L V R M L A N G U I

Y X V M P E Q M R M M D R I G H C W

C M J Z B A N S C S I C O C A G R U

I B D T G M D U J R K Q C A C G W X

X N N L U A B N F S A D E J V E C G

L T P I P P D P P I M D L T S X

G P N N D O A B S X K X K Q Z A

I N D O T Y J F B Q E T E I

L G G J M L Q R D X E R

L F D E O O I I M Z

B Y A Y C T X S E J

U A F E I U C

T W J W M

Good Friday

Palm Sunday

Egg Hunt

Decorations

Cross

Outfits

Easter Common Terms 5

```
            Y U D Q C N
          T A P Z W G O Q
        H E D O S X G C U C
      Y A D S E N D E W H S A
    B C O V R P B J Q N K J K A
    O K P W U X B O E A J M H C
  G D A X N H R K I Q C E C K U D
  B G G O N T T C F N O E H A N T
C V W W T H Y P H L O N V F A U C O
J I Q G R K D A U Y A F Z V L R O Y
A C L Z Y O N M Q C J E P W W Z M B
V G K F V H U C I W J T S A N R O R
  T T Y I B A V L E N T L V O K E
  O G S V M M C V A I I B T L V W
      O H D I X K R B V I B L G Y
        W R E E B B X S T T F X
          S P L A Z T M R V C
          O K R I G I N Z Y O
            O H Q D I L H
            W T B Z O
```

Lent

Ash Wednesday

Maundy Thursday

Confetti

Rabbits

Easter Common Terms 6

```
              Y R Q Q G F
            W Y E B Q M M A
          Q V P C F L F C G F
          H O N Y R A M L H Z V K
        P P A S C H A L C A N D L E
        S L I J T R Z L O L N K F F
      F W O Y E D I T R E T S A E X D
      Q V W Y S F F Q Z G Y U W P I F
    K R L R J J Z O K J B W J B F Q M D
    I H R E C I V R E S E S I R N U S R
    R A B G R R S D A I P V R W O Y Z T
    J S Y N D L B K T G F J R W B M U C
        J R G Y A D N O M R E T S A E R
        P N K Z O F A R S A I X K T P K
          M C A W I R N T L I S H T B
            E X U L M H R I H Q W H
              K I Y W L S U R J W
              T H T O Z Z M P H L
                Q O Y T G C L
                  B G U S C
```

Eastertide

Easter Monday

Paschal Candle

Sunrise Service

Wreath

Hymns

Easter Common Terms 7

```
                H Z P X Z P
              K C Y S F F H J
            E O D Q Z G J F F O
          Q Z G H P E C N O J G I
        H C K H G S G J Z T O M T K
        D P P Y M H P C G S Z Y W D
      I M J V C X U U B E A M W F L L
    P J J J V U C T N J R Q H W B X
  D Z E E E U L A V I T S E F K R G V
  Y U R V R L H G N J P I Z U W J Z K
  H G B A S K E T S T U F F E R S G L
  D O W X X J X T P D G R J P P W D H
      E M R S U N D A Y D I N N E R D
        O D E S S E R T C T P G Q G Q S
          Y S D T T F Y G V H Q D O E
            G O E D I M M I H G P B
              F F C N P N H F G V
              S S T O C C W B W K
                X P R K E N K
                T W B G C
```

Sunday Dinner

Egg Hunt

Desserts

Home Decor

Festivals

Basket Stuffers

Easter Common Terms 8

```
            V E C T S M
            H E Y O G B M H
          W Q A Q T L C U B K
        G H B L E S S I N G G E
      R R L I C N E T S G G E J K
      T Q A B B G M V Q X O E Z O
    V W N J C U B X L U E X Z U O L
    Y H Z U N O I T A R B E L E C G
  C M N O I T A M A L C O R P T U H X
  T F O K D V B X D Y E H E C W U W J
  M Y F W O I V V Q X C C R V H M U A
  U X G F G I V K L S S K M U B Y X H
    A U O M N V L L T X X K G I N M
    N O I T A R O C E D E L B A T R
      S T H X L A O E K G W K W R
        X V M J L E W S U N O L
          A G P Z Z S F T C L
          X L G N V O T V D L
            R E W R A R V
            N W B P S
```

Egg Stencils

Proclamation

Table Decorations

Blessing

Sweets

Celebration

Easter Common Terms 9

```
            T M P M O J
          B Q Y V H N U W
        B M F T K O X S L O
      L K L T O I Z X N T P Y
    L S B O F T S F Q N G J C N
    G B P S A M Y I U Z D T X B
  F Q O G R V G Y H W D C S V R Y
  Q V T I P V V G B N Z T I N V M
Z W X P H A B G F C T C C O I Y W W
D F S P O R E C T M E R M B C D V V
K N F F R T H M L N F M X W U T A Z
I Y U L N Y I J H R F U W E K F K A
  J D F D T C O S T U M E S I M J
    G P K O H R R N Q B S Y R W Z X
      A A L E Y J S Q Y Z A C Y V
        K B M Z O K R A K Z Z E
          W E Q M H F D Z J D
            P S U T L G N S S J
              R Q K G U G N
                I P S S R
```

Inspiration

Costumes

Sunday Buffet

Party Themes

Egg Hunt

Easter Common Terms 10

```
            Q B J Z Y H
          N J A J B L H Y
        V P J E O B G F A F
      W Z K U G S R R H X M E
    I N G G T Z V U P K Y H K H
  B D Z Z C S A E S L Y L I N
E Q I S F L Z P S I C L G I N U
S I T C J U T B R U C H I F M K
O A A S V V N L P S B X J R S W F J
Y X T A U W A A A N W H L K I G I K
W G U E E D R K E S U J A E I S V J
C N Z F I O C A X A X B W W Y V T U
  R W Q J S A B F X B K E X W V C
  V K M Y J L J N H O R N M F U N
    P T U Q E L S Q E H E A N L
      M G R N P M I V J R S D
        X Y D I O Q O Z O I
          M E A D J H J I L Y
            R U E W J Y I
              X L I H L
```

Jesus Christ

April

Feast

Renewal

Hope

Lunar Calendar

Types of Easter Eggs 1

```
          P X B B V C
          Z M Q Q D Q A J
        U K T M D I N E P K
      O Q R X O U N Z K K H L
    U D Y O Y W E C A C N X N S
    X M E K K H Q N B S Z H T O
   S U P A P I E R M A C H E Q A O
   X P D T B D O W E H D V X Y P Z
 Q I X G O I X U L U N R I I N E Y S
 V Q U U L S U W O S F Y J S F G Q T
 A H P W X V D W I X G U F A W G W Z
 J V B R V P I E W M X Q L S I S D N
     R S M E Q V C B V I I Q Q F F K
     V E O J K A R H S T I J P P R F
       K T Q Y C N B O T Y C E B W
         A T P B I L S E H C D U
           U I N C T C F Z T T
           J A L I I S N A N E
             S G H E O R O
             L P X C B
```

Sticker (eggs)

Glitter (eggs)

Papier-mâché (eggs)

Soap (eggs)

Confetti (eggs)

Henna (eggs)

Sand (eggs)

Types of Easter Eggs 2

```
            W L N B G
          N D E T N I A P
        F V J Y D F K R T K
      A M H T F G T F U G L H
    C E R A M I C E T R A C D C
    Y F E T A L O C O H C L I F
  W J P W P M Y I U U R J T V V B
  B G Y G J L Z R G T L H E C J F
U I P L K U F A W H W N G B C M A Z
G X F L U U H V S M R R B V A W F P
F W I X H H K G W T E A Z K V O S G
T Q K K V H E L G B I I H J K O Z P
  S P W M N W L A K Z C E M Y D E
  M I N N S X F B T M Q P Y R E O
    I E E B Z I C X Y Q V Z J N
      H T G P Z B I B X A K L
        E X S X Q J P U V L
        H J S Q L Z Y H S W
          V B P W R S P
            N F T C F
```

Painted (eggs)

Chocolate (eggs)

Plastic (eggs)

Fabergé (eggs)

Wooden (eggs)

Ceramic (eggs)

Types of Easter Eggs 3

```
            W J Y O Z Y
          H C T T H Y D V
        M B Q O R D D E W M
      H B W Q F K F N M G L B
    B C T I V U I X A I Y N F L
    C U F Y M U D R C W J L R Z
  A U J W Y J H X H G V O Z I U P
  M I B A O Q P P R G W V Y L Q J
R F P F L T R X V X E H C V Y R X L
L G U H Z J C C U R J D H C T A E Z
Q R T Y G R I M M H N Z T I P U R D
L L E A N R T K P P T N F Q T A H I
  M P P B S F W S F J R D C Z Z V
  T E A A G B I P S K A F V K M X
    F C Z P Y U Y U D B C N D C
    Z Z Z M E C T O S I O F
      U L B W S H G D U F
      F P F Q G Z D S U D
        X S Q Y P M W
        P X N H D
```

Paper eggs

Mud eggs

Egg candy

Toy eggs

Flower eggs

Fabric eggs

Types of Easter Eggs 4

```
            R G Z Z I Z
          G D C U V Y O B
        G J F U V J F H S J
      E T Z G G T Z X R H K I
    J M X H A Y G Z X C Y L T Z
    J O U I K O O O K R L P X Y
  E B S F D N O B N A X T I S C O
  C P A H R S G W S I G T I N O K
C F C I V V N Q U O L I L D F J Z I
L M Q C I D I I W D L V I Y G K R H
A A Z D K M E Y K R E L A J Z F E T
A E M E D N B D B R J U O K N O E U
  Y X S H Y O M A H V S U H F I P
  W S I J H W P U E C L L S F J C
    C G X B M A G V B A H F P B
      N U U E Y D C I R B A F
        Q U E K F O F M G N
        H Y S G C K N B N F
          S N T W M K X
            Q T H E T
```

Hollow (eggs)

Fabric dye

Mosaic design (eggs)

Beaded (eggs)

Silver (eggs)

Types of Easter Eggs 5

```
            I O Q A M V
          C U H C U B Q M
          Y A S D R S M J D H
        F G R B E Z Z L M E Q R
      S H E G G C A N D Y V X C I
      X T S F D U Z R D H U W M N
    Q H A N D D Y E D Q G X W E B A
    T K G Y P E C A P X U J E Q O L
  A X J T T C N X J Q V I E D G I Z T
  O C B B E K G J V Q H M A R B L E D
  S Z C C H Q J E Y S X M Q B R E S U
  G U W X H C F L A Z W P E M U D P U
    G O X S Q F L I W Z I S O I B A
      O C C P A G O O B P T R N Q M Y
        D V Y F C M C V W X V P E J
          D Y U R S K J Z E T T E
          I F D P E Z S M A K
          Y N A M N V J L F Q
            P T Y O O D L
            F Z T B G
```

Jello (eggs)

Metal (eggs)

Egg candy

Hand-dyed (eggs)

Marbled (eggs)

Boiled (eggs)

Types of Easter Eggs 6

```
            O F K G G L
          F R K V N T G W
        U J X I C L Z L Q A
      J G S K B Q N W O Z T U
      Y L U I G X W N X W F A D O
      K F A V R C X T S E V L T X
    W F W G N V R V O D V E X S F W
    G K K M J N Y M C E B M G T O Z
  K I B D F X E S U S T F K B Z P L P
  O J G W N S E T S F C F I T O Q P Y
  N Q X F K P B A U V I Z D T K U D W
  P V X I J Y L L W R N L X G D N M T
    X X I D G D Q E U O S G N C M L
    R H P W C I W I G N T L D L D U
      X G M Q G A G W Q B S Q Z A
        U R X E N I R U G I F Q
          A X K B M X T R N V
          E L P G A L X F T M
            X I A K F W S
            O Y F J A
```

Figurine (eggs)

Glow (eggs)

Crystal (eggs)

Gold (eggs)

Glass (eggs)

Egg Decorations Inside Eggs 1

```
            H A E H Y X
          K R J M B M E H
        H F Y R B E N H Z Y
      D E X I E R L R E N I U
    Q K R K I M O V Y F Z Z I D
    B J B V L U I X L D N W K C
  P Q I S A L A D Q W R Z T Y W L
  Y I U K D U U E N A S E F B D X
M P D F L X S X R I O E K Q W E V R
L P L P G C T R Y S G N F Q P Z L U
R Q T E B R R E X U S I M L T U A O
S M P P A S A U W G C R R R X Z S J
  T J E F E T J L U G U E B B B P
  E K X R M I J I G S G S I N O B
    U D G I O L S M O I V X X K
      D J E N A T B W F Z N L
        D Z S Z N O T E S A
          W N E L E A V E S C
            M V T C V S R
              G S J B H
```

Illustrations

Herbs

Leaves

Notes

Embroidery

Figurines

Egg Decorations Inside Eggs 2

```
              H I M D M I
            P C L T S D V E
          K S T N E M A N R O
        A Y E B R K H B H X W E
      R O T X U J O W Q O K O V R
      C N Y T K Z S O H X E Y G W
    X W J P P R A E A T G R K J X N
    K A L E K R Z L A P K X R W A N
  F R U P U E Q K B G P M H Y E M E B
  R C O X U J B M I T G S J Z O O Q F
  S E P G N W C U T G Q A P R X D G K
  Z K G N G C I O C N I E A V H E G A
    L V A K L N P E O A G E C E L N
    A F L I E X T L R V R B E S S W
      R W X L T B L I M M Y N J S
        N E D O S O O G X O P L
          W Y Q F C T D A Q P
            J P L B O R S Y A C
              R F G P F T B
                J M T G T
```

Sculptures

Ornaments

Collectibles

Foliage

Pearls

Models

Egg Decorations Inside Eggs 3

```
            W R X R M P
          K T W X P Q J R
        F A P I T K Q T M V
      G M O S R N E J D D W S
    B N T D U D B S X H U E E B
    C D R G H R D N V W T J L M
X X N I Z E O C X P T O C U J T
O F C N S H T G X E E Y Q W Z R
Y Y E Z K B Q V J U L A A K R U Y E
H H A W E T S I O P K X N E U X H S
W K T M T K Z H T V M H I A V W I Z
U F H E S A L U A X J H M J U J S P
  O E H U I H R Y M X X A F F E D
    X R D S A H A D L J D L F E M G
      S R O Q X E R F E M S D L U
        D D S T I C K E R S W R
          W P B L F A X L D D
          X F U Q E B F H U Z
            E W W R U A K
              U J Z P P
```

Toy animals

Stickers

Silhouettes

Trinkets

Feathers

Seeds

Egg Decorations Inside Eggs 4

```
            Y W W O S X
          W L O P C U Y R
        C G B S B U M O S K
      Y U F S J W E G W N J X
    A O L H J S K E A Z G G K A
    N W Z G U E W H K D I B F R
  O M U J N S R A U T Q S J O Q U
  K M T N R I U P V R I E G V Z Q
F C O F H S L G D J W V D D N I J P
G Y U D D K K I A U C Q T Z X D I A
S B L U S E F F P D J P E S L B A E
Y A B O C X L N K V X W H D Q A J U
  O V E P X O O M W M C P H J W
  L Y X O B W I Q C C M O N L T Z
    R I Y L E T A T M C R D U T
      Z Z I R C A X J E C I K
        E Y S A M P W Q T W
        M U F F I N T I N S
          H U D X U M D
            G N I O N
```

Beads

Toys

Crochet designs

Action figures

Silk flowers

Muffin Tins

Easter Foods 1

```
            C Z N N S Z
          X M O K Q G X P
        R R J A Z S G H H M
      W M T J E S U E L W K O
    N B A I W A E G D I E S R G
    F A T K U S K A E J O O M W
  B V K Y W C T A R L H J V A Y E
  Q Y E D G X E C A I J L L M H A
M G N D L D J R P P V I D J B B I K
S V K H S F N B U S E A G B Y H E Q
W L H A U D I R C A D B V R L C Z H
S E I M S N U E T W W K Y U Q V Z I
  G E K U K K A U W U Q P C X I T
  B M N W O A D M L P X I J J Q Q
    A O H O T C R O S S B U N S
      Z Z E Y N P C Z R Y D D
        Y V K C R A I V U F
      I N F X I K W X K B
          H T G C I U Y
            R B M M J
```

Hot Cross Buns

Deviled Eggs

Asparagus

Easter Bread

Baked Ham

Cupcakes

Easter Foods 2

```
            E K E A N R
          Z G J L E E Q W
        N W G V O N H T S J
      T X H O R L C R C Y B
    A G D I M R E Q I H C S Z T
    Q B V X F Y S L U B T Z J L
  O J D H F N M S D Q J S F E X V
  C I H I O Z C A V M A A O G Z G
E M I G Y N I F C Z A F O J G K E U
Z A K G M F L R N I H N R U S P N R
I H P B I F E D E B B M K U A B B Z
Y Z G U Y L E Y K X J V R G L H H B
  O F C O Y K S C U N A O B A S E
  T E Z R S S R I P A X P X D Y C
    V M D B O Q H Q Q Z P C L X
      J A C U T C Q H R G O H
        F Q P Y A W M T P T
        G B U G E T N A U X
          I H L U O J Q
            Q J N X P
```

Egg Salad

Leek soup

Potato Soup

Ham Quiche

Pork Roast

Chicken Casserole

Easter Foods 3

```
            S U S G Q L
          B L C E Z C O K
        K A E T S A N U T G
      U Y H E M C V E N N N L
    N U X P F T F H T C T Y Z A
    H Y G X Q Z P U Q J Z C U E
  K B M E N O R T S E N I M C Z Y
  C L A M C H O W D E R Y W Z G T
H T K F S R E G R U B Y E K R U T E
Y B R F P O K A J V L I P N O R U C
P G G V U C A M K Q O O R X U X C K
B L U E B E R R Y P A N C A K E S M
  R X Q P Q J I B K B I L E S X M
  T L W O B D A L A S T I U R F Q
      G I K I T J G W T N I B J F
        Y E M M A D T R Q M O W
          R O P F A U G O K Q
          C H P P Z I M Y C Q
            D X I M R A M
            A U Y Z I
```

Tuna Steak

Clam Chowder

Blueberry Pancakes

Fruit Salad Bowl

Minestrone

Turkey Burgers

Easter Foods 4

```
            Q Z A A Q L
            A L O N P E Z O
          M A X R W N E B I Y
          I T N L F T M Z U W E W
        P P Q G D I H O C T S M R E
        X E J A L Y D S P K T I E S
      G Q A X S Y E C I R D E I R F L
      M A O O A P I N D B X B V K C Y
    O H L U A L X T O K R R A L A C U I
    V Q P G D X A E C E K K P R F Q N U
    F R I E D S H R I M P D R L Z Q N K
    T B R J Y J P J T S A O R K R O P Q
      X L A W J A T D D T E W L D I M
      T Z R K G Y O K S A B Z F C Q M
        Z B G S F H A A U N H N P I
          F N M C L A L Q Q E Y E
            D Z A E W P P A B X
            A D C L J Q S Q L J
              L U I J V R X
              J U R D X
```

Pork Roast

Carrot Salad

Lentil Soup

Fried Rice

Lasagna

Fried Shrimp

Easter Foods 5

```
                    B K O E G G
                  I Y O J U D X S
                U O E J C Q T V F S
              H Q E G T Z H K J A T L
            I N A I F F Y I T F L U Q H
          N V D R N U L T E Y I F L W
        F X L O Q H N L T L X P F Z V B
      Y U C N T M A E E O G E E R I Q
    D J E T W B O D C H R F C D O I L W
    Y Q Q K A H N A H G E F I H M A N S
    R N C O R A S L S A S Q R A L I B Z
    U E U V T U M A E P S E R M D H L O
      L X Y D H T S X S A D G N I W B
        J L Y X D V T U F C Q X J K U D
          P X I L Y I S E X F N E J T
            I Z S M U Z A H W O W Y
              V Z Y R T C O F J U
                R Q M F F U S R R I
                  I T B P Y I G
                    T H Q I Z
```

Rice Pilaf

Casserole

Stuffed Ham

Fruit Salad

Roast Turkey

Spaghetti

Easter Foods 6

```
            O B M N D M
          D V A E G J A G
        F B L K C M N K I N
      G B A K E D C O D P K H
    O L S G E D U F D T Z M D P
    K X W P F Z V E Z C F W A J
  M H U Z W E I G S G T Y T L H N
  U W H D Y A T E S E A B O A U N
H O I E J L W I E P M C Q R S B I J
B X Y T S X G U K Q S W Y O R J K Z
L E Z Q L P O T A T O S A L A D F M
S E K A B N E K C I H C J T S F L U
  F Y W W K Y H Q M E Z T M E C K
  J C X X O H N R D G I T Y A A N
    Y I C R X Q C Z R H W I C V
      J Q S B R I S K E T M F
        J W G R K H G S H Y
          E Z J Q J B R C V G
            V J I M J R Q
              G Q L Q O
```

Brisket

Potato Salad

Baked Ziti

Chicken Bake

Caesar Salad

Baked Cod

Easter Foods 7

```
                  K K P I P A
                X C B J G T J W
              I C O P Q R X D Y R
            T X E T G Y I Y D I G T
          P M I Z S A E L S J W U Z F
          H S X K N T Q L X K P J Q K
        N T D W Y A S F E M Q E M Z D G
        E W G K O E A G D C E N Y C G P
      I T R O C T B P I S X F X L N D T Z
    S J M M J R D O Q A B C A N O R M P
    E M Z Q U A E T S L O L S E Z S O P
    C O U T V T K S M M D Y S X N R Y J
      W M P H T A E J O D V T I K S Y
        X U T R I B P W N E R F C L F I
          N R E U I Q X A B F H Y H U
            U Z R K L O A U O L O J
              Z F E R Z M P P C Z
                E B M K U S N Q H Z
                  Y O C N O K V
                    W E Y O J
```

Grilled Salmon

Pork Chops

Muffins

Pesto Pasta

Baked Beans

Fruit Tart

Easter Foods 8

```
            F F C N E F
          K D O V O W L V
          R E L C J K I J K S
        A Y E W Q D S U G F V C
      W V S F Q R K L J H P V H Q
      T L Z J V M B A A A S U E M
    Y A N C M B U M T G F A N E W J
    W G H J J W Q E L N U T E S F M
  T T I G F W M I L F V K I K E C A L
  C Q Q P Y E I K X H H R J C S D I K
  W M C Q N S V H X Z U B A I L H D E
  N E T U N A S A L A D U F H I W Y V
    S C P X H E I I F E N N C D I P
    L R M U T R V Q X Y P E D E L C
      U A O O V B S K D D K E R B
        E V S S R T A F H C I S
          W C X A W B U C I R
          M K C C E R V G H F
            Q Q M P O O C
              I H C P Z
```

Pea Soup

Fried Chicken

Cheese Sliders

Coleslaw

Tuna Salad

Chicken Fajitas

Easter Foods 9

```
            R V J O E S
          E O E Q J V E A
        D S P N I Z C G W O
      E U T W R Y G G A E A O
    Q X L O G M Q Y F S T L L E
      V L L P B B S L Z U S L A X
    Q F W S P A A X D S A F O E E A
    F Z U M B C S J V W S E M X A S
  J I C S Y P W Y N S E P E Y S K Z Z
  D U Y F W A I Y F J E D B I P J I C
  R H Q V B N B W A R T I C H O K E S
  X M F F X C K I G S P H X I L Z W E
    D F Z X A B K B K O L H M L T U
    C F H M K G P O J T O W O A T I
        X P R E F J Z T A K I R C G
          V Z S L L R I T W M G S
            Q T J G Y W O S H P
            S Y G Y A J E E C L
              K J J V S R P
                A C S S K
```

Beef Stew

Sweet Potatoes

Artichokes

Scallops

Sausages

Pancakes

Easter Foods 10

```
            K N Q X S L
          P U O S A E P C
        G G M Y W D V W C G
      A Q B J Q V V H B G T F
    P J K A V H G N U Q J P N L
    C I J S C R P Z S X X P M Y
  U Q G N I D D U P E C I R T Q V
  S N L L A X O A Y G P X B X V
Q A O Y E S Y F S F R I L O J U I E
Y O Z D J O U S N V F Y O U S L H Y
B V R S S U A W O H R J A X S I C C
Q L R X J P L B I B I L J I B M F X
    D U P R M N W N H T E F Z P E T
    O B I W Z S E O P S M W F Q P J
      U M N D H Y D L G K V A C V
        E S E E H C D N A C A M
          V T Y S P K I F X I
          W U H D O H R M S F
            Q K U G P T K
              S H F S N
```

Pea Soup

Rice Pudding

Spring Stir Fry

Onion Soup

Basil Soup

Mac and Cheese

Easter History 1

```
            U U X K D D
          G Y S A E X V Z
        F C A A R A H V Q Y
      E E P D D M S P X C U T
    Z S U Y I D G T A B D X N N
    C A T Z R U A E M V T O I A
  M U M L N F C C R O R I A C D N
  X E Z G O D E A Q K X D H Q G L
U A K H A I O E O B I M A O I U Y Z
H H S F G T O S K F X X X W O S M B
B L Q H Q C G B I S J H L T W C F X
G E A R I E O C E Y O X H T A H S I
  E N H R R U V W L F B N P R S J
  T M Y D R R O Y F Z E R A A S M
      Q L C U N W D X L B G O D R
        H H S E R B N U F U T D
          X E Q L O N P J Q B
          K R I M Y C G P C V
            R Z Z P H H V
            S A H S F
```

Easter

Resurrection

Crucifixion

Lent

Good Friday

Holy Week

Sadducees

Easter History 2

```
            R E T S A E
          K R C C L J C U
        V H L W Z M Q H J U
      D A O U I X I E L N P I
    S T O R Y X N M Y R D F W O
    E H X M A R Y R B P H P B D
  Q L D O P C S Z A R O F S D N J
  E B V J N L S T P J M Q F X M E
B Y J F C E A S T E R L I L Y A K L
E B B V A L I V O U N Q Z V P P T R
K G X I K H Z J U T E D F T W H Y S
U K O G A R M F B Z U B J M S L M Q
  U G I X P F U D H B O N N E T S
  K K L O H C C E C N S I F B Q F
    P M T N V Q T M L U H C Y Q
      H D I W G Z X K H Q A M
        O G R M H F H G O A
        T V Z G F B P V S G
          D N S F W D P
          S T M Y Y
```

Easter Lily

Bonnets

Vigil

Easter Story

Mary

Easter History 3

```
            Y F K E Y Y
          R N N Z Y N H J
        H B A X G E N A F C
      O X T H J E I U P V R Y
    V Z P A T P A P B O L A F D
    D B H U E G T W R S F P S N
  J S T P T B K H B E T M Y G Y P
  X R R M I F E E O T L Q N I E V
I A D D H M O O C R S E H I Y P Q D
M A D R M F Y Z E E A S R S E C K L
N J F X P P R M N F E N A P A W R Y
Z N L F N V A K T Z G H C A B F U W
  W B A X I M L U O P C Y S Y C H
  T S G M L A X R A C O I S G P Y
    Q Q F B F Y I V B E T O B E
      Z V C F A O L A Z J V Q
        W R C K N Y L N U E
          I A C Y X L O W Y R
            I J F U X H R
              R N R M W
```

Easter Bunny

Passover

Martha

Mary of Bethany

Apostles

The Centurion

Caiaphas

Easter History 4

						J	Z	S	X	O	U						
					E	Z	E	U	W	F	P	N					
				T	N	C	X	S	N	J	Y	G	E				
			E	S	E	C	L	B	U	O	G	K	Q	H			
		Y	T	I	L	Q	N	Q	Z	S	V	M	J	L	Q		
		E	A	T	A	P	T	F	S	E	C	A	K	L	D		
	N	V	L	P	D	M	K	E	I	P	C	H	I	M	M	R	
	Q	X	I	A	G	V	C	E	M	H	W	M	R	K	C	Q	
J	Q	P	P	B	A	I	J	X	O	O	E	T	M	I	L	T	W
J	J	P	S	E	M	T	O	E	N	F	X	C	Y	C	S	Q	N
A	F	K	U	H	Y	Z	L	P	O	A	D	T	L	P	H	T	J
P	J	T	I	T	R	T	P	V	F	R	Y	E	I	L	H	W	I
	G	S	T	N	A	W	Q	D	C	I	Q	E	D	M	O	D	
	Y	H	N	H	M	U	I	B	Y	M	C	J	X	V	X	B	
		B	O	O	B	S	A	R	R	A	A	G	W	S	Y		
			P	J	Y	U	L	E	E	T	L	F	G	E			
				J	N	H	B	W	N	H	N	V	F				
				C	J	E	Z	C	E	E	K	X	S				
						L	R	S	I	A	T	Y					
							U	H	G	D	B						

Jesus Christ

Mary Magdalene

Pontius Pilate

Joseph of Arimathea

Simon of Cyrene

John the Baptist

Easter History 5

```
                  A P Y M T Z
                J T K U L H F B
              V B F L E Q B Z Q J
            D L S P Y E B K K H U T
          Q R I I H R E T G F L W P P
          P Y K M M A E Z H V H X I U
      J M H Z F B M U O Y S Q X N I Z
      J Y V G F U B F L I M N Q I I L
    E D S A B J L L I J G H S O C A K V
    T I M T Y D E U E U J P I K O G R H
    W V G T S G T F R D F E P L D K J F
    D Z I R R L A U X W U S X L E B X N
      W A B Y K L M K G Z O D J M L S
        T I G X W I O X Y X J V F U B K
          E T H E P H A R I S E E S M
            M X N A T I R A M A S I
              H M V K A C Z N I D
                T E S R G G G D F S
                  K S E L Z L P
                    B K R T J
```

Nicodemus

Mary

Joseph

Samaritan

Pilate

The Pharisees

Easter Bunny Names 1

```
            J Z A P T Y
          Y X N E R R A D
        Z R N E L K J G K Y
      J U R W L K Z I U L R G
    R J H W O M H Y G S K O M Y
  W K G O K F P V V K X J Z M
Y H D A H Z M L B T H M E R A G
F E G M H X A N Q D I A D O V L
C T S A D O U G L A S B W K O M X L
J M L M K N O V W F N Q D P P A E P
B B J T P E V E I V O J O C E R R
P A V X W Y K B Z W P D D F R T L W
  C P W S M E L I B C O I J Z L R
  Z K N A N R Q K J T W J N Z F A
    Z B C R E J N W A M J S T T
      T M H D N K F N W K A U
        V I U K E O C E I W
          N G T N D J M R U E
            A H B I T D P
              D W N F Q
```

Douglas

Drew

Derek

Darren

Don

Honey

Easter Bunny Names 2

```
            M F P P L R
          N M B Z H Z M R
        J V U O C N F A U R
      L U T U S K Z T Y E R S
    R Z W V U W W S B P V T C K
    E T L E V G C V M B T P R W
  P P V M J C S B U G S Y D U D C
  K P B W F S N H R S P Y S W V J
J G O V R N L T O A H X E N I C X F
D U H M Z V S G V U A H V T A M B F
B S Z C M V E K P A J P V Q E O W P
E M O Y E R D F J T J J G F M R F O
  H O D G W E G W Y C G K C G Z X
    A S T F D I O P W W E F H X I I
      S S L G C O T T O N T A I L
        X S L S H K F H G T X O
          B W V E R D S Y W F
            K B Z V F N N K L C
              G B A L X B P
                A S K X I
```

Thumper

Bugs

Hopper

Cottontail

Peter

Roger

Easter Bunny Names 3

```
            A O Q C U V
          K T D I Z G A N
        K H H Z Z Y O G D B
      L H Y M N M W A L A J P
    K L L S Y A Q Y K P I K E N
    N G L S M E P O Y P T E H Q
  J V D H O K G N K D O A S J M S
  K C J U P J N O I R E P Y H N N
J J B M X V S A J W M M Y Z H C E O
Z V K I L W U R P Z U E H P T X Q X
F W O C E Z O D K V X O I V W P S G
F X H A Y C Z Y W W H Y A C I N T H
  H P P C F T H E D Z V T S H P S
  M X X Y B A R X H Y M F E W Y H
    I M K Q T S I N W V L U F P
      Y T X Y J F U U H I R E
        U P A T C K M V I T
        H S W Z I M P F M G
          D M N Q E P M
            O U I C L
```

Huxley

Hydrangea

Hyperion

Hypatia

Hyacinth

Hymn

Hyssop

Easter Bunny Names 4

```
            K R T G Z W
          C S L M L G F S
        O A V B E H H J A V
        O B E O S K E F W M M
      M B O L V P R L Z H W N X E
      F M I V K O W Y H X O D H T
    Q T K X M M H P L F F S S R N S
    B Q D X T K X D L Z W L G G I R
  H A O F Q Z U I C I R G X D T D C O
  M S T C Q V F K U H P V E P Y U K L
  K H Z T Q Y Y A R A U K T P X K K F
  N D T V E X M L G N Y X X A I H H X
      L R A K I M B W N C V K P N B X
      J M A P H R R H E R B I E H X K
        P W G T F N O H R Q X N G H
          P X E E Y E N R P J B O
          S F D A X H P R A A
          H N J L T T Z P R C
            O A I L J G K
            L U H H W
```

Herbie

Henna

Henrietta

Hero

Hilly

Hildegard

Easter Bunny Names 5

```
            K D F E C X
          K B B X U U C Y
        Z O H T Z M L A I S
      V Y D E Z X U V N C T O
    B J V T O P K O R M Y C Z I
    F H H X A M B P Q K K K S W
  T J P A X W Y Q X G X R B J P I
  J D W A Q K P X H Z A A C W C A
Q J X P N Y K P K B P D P A H H M U
H U N L B R X I F R A T S X R F R Y
G A G Q E B T Z I U S S V N R Q J N
  I E D P M G V U G G S E W E F T F S
    O Y O S S D O O D L E X U U C S
    L N K P U A S L K E J M K Y F Z
      H C E J U E N S S C I G F I
        H E Y I I T C U E P D U
          D Z W V F T F K Y U
          Y T K M U S G B J B
            R K H P Z G G
              U J Y M L
```

Zippy

Sparky

Speedy

Twinkle

Star

Doodle

Easter Bunny Names 6

```
                G E Y E S I
              U C L U U K L Q
            S N O Z H Y F G F Y
          C H K U Z H R I F W H H
        B R I R B A P X S A N I P T
        G U B E L D O O D O W F X T
    K Z L M P H T O X S Y X H Y H A
    M A M Y P G R C K O P T C A H M
  S K M G X A X H B B R A P X L X D E
  Y E Z A Y D Q Y K R D K Y K L F I Q
  M S L X W L B J V X C N Z U J Q L M
  F N Q Y S W L X A H T Y T Z X L L C
    T V X Q E E O L C U X S U L M Y
    Z K F U S G X D T T H O X U J E
      F M F X W S Q L Z D E O S L
        C E V G L G S V J U H B
          K N R Q C A T U Z B
          N V L V A Y O G A V
            B T D W K D R
            T E X T Y
```

Doodlebug

Dazzle

Dapper

Dabble

Dilly

Dolly

Easter Bunny Names 7

```
            A D N A S L
          K R V X C H P W
        E T I P Y S M I U D
      S H B X N Z H W B F T S
    W G J G T H W L X S C E J T
    O P X A L I D C V R B E K Z
  I A R K S I N A U E V G U Y E U
  A H A H Q K Q X C S X P M F P C
Z D P T N M L L N L J T N H Q Y I B
Y E V T Y H S A D G Q B Y I I Z F H
T Y S V S C D J G S A H X T C N E P
D N O M A I D K S U E W M F U S B Q
  E R S R H L H D Y F H C D E D Z
  B W X M L Z B J R E L Z Z A D Y
    R Y G N Y X G X R P I R K X
      A M R Y O J J Y U L F B
        C P S P E C K I P Y
        A P C Y B Z N M L F
          F V N G D Z D
            K L F C H
```

Dazzler

Dancer

Dash

Diamond

Dusty

Darling

Easter Bunny Names 8

```
            Q C J G G E
          Z C W Y T A C F
        A D O L L Y D H D A
      N L A L C M Y D Z C B O
    A W M F F M G T T L H M Z C
    J C E F J Y G S U N N W V S
  B Y Y Q O L B A F V E U X S L Z
  T B F H D O N N I E N I M K U Q
T D K B X I D R Z K E O N K J B M Y
H N Y E W L T A O Q P W Y F O F H P
A A U M L Q K H N T E I L H G I S E
E Y L W X X I L V N I X R A U H Q C
  J S K P Q J K H B Y K N D O A D
  V H I Z J V P E T Z Y U B I S I
    I Y A K A V E C Y V M L F Z
      I B D P V U Y F L A L A
        L J B W J X W E X K
        T Z C Q V F R Z N Z
          T U C J B Y V
          Q U M A P
```

Daffodil

Daisy

Dolly

Daphne

Donnie

Danny

Easter Bunny Names 9

```
            X N C M Y J
          N V D L X J O D
        P S G F F Q D A N O
      M N E N G K V J R P Q S
    A I W F V M C N Q Q O B K N
    Q I R L S D N O W B K K C Z
  H O K C E R O I C T G R K C G K
  J Y L P P S Q T K Q T T O Z X I
Y E V E G W C R E L R F O C Y W V
K T I V C N U G Z C U A I N G C B Q
W K J R Y S X G R R E S X D G Y L O
I W F P T R J W F A F X J O I O O O
  F M Y M J M G G G K Q Z Q Z E O
  X D N F Q I T L R C A A A G R Y
    E P T J G Q Z R N C W W C D
      V Y X O K Q R P B Y H N
        A F M R R L O L G A
          U D S I W O W B D U
            L U C Y J G Q
              J L M X I
```

Cotton

Rusty

Ziggy

Dandy

Dave

Dan

Easter Bunny Names 10

```
            M X R C E N
          I J K Z N J B
        L I K N I U T Z M K
      M L A Q T N A L Y D G S
    X N M B S Q N W V Z V O T M
    D Q G U R B R Z T C N R X D
  H B X D M M V N M I J R F G O L
  O U R S E T O L A M E C K M R X
O Z Z F X L S K I K I Q K W E I F U
Y Y X G M E L S R X B M T Q K A P W
Q W M T B Z A K Z C E N A T U N A V
W K M K J A P D H Z G A E D D S B Z
    V R G X H E K K Y I O T J U O T
    O Y Z O Z N L U D J R S J N A E
      B K B N B C B U A W K J B S
        K R K K X V E T R S A G
          E P B U M O O H Y R
          R U N R J U B G E
            J W O G G B S
              A E T A B
```

Damian

Dorian

Dylan

Dustin

Duke

Hazel

Easter Celebrations 1

```
            S X U N K U
          K E P E Y Z W O
        C Z A I L Y L G N A
      I G Q S N Y W F Z P Q A
    I X H J T U E R N Q I E B Z
    P R P I E R E E T N U L O V
  S I F E M R R I B U A Q O F E H
  U K J Z I P E R V C H A R I T Y
Z A X T G L A T F S W N G A B U Q B
H M C M S R R S A T V U I C S M F W
S A W C D R A A K S T B G R U C C G
H T F G Q Z D E K J M N S E C Q B E
  L K W H Q E T V O T P T T M I Q
  V W U P U O Y V N T D P S O S E
      Y E U N H O J L G C P A M R
        T X O B B X W R B F E P
          F I Y A S A S D V J
          Y S X T D B P O T E
            A U L S X S U
              H F U O Q
```

Easter Parades

Easter Carols

Charity

Volunteer

Easter Run

Easter Celebrations 2

```
            I A G G Y S
          V W P U X T I E
        P J E V J Q W D A T
      G X Y R F Z L E D S N T
    V F Z X X X C Q L X T R Q D
    H E D T Q H R S O S E K S G
  T U I C U Y O N L K T R M D F T
  D F V O B W Z C W J A W T X J X
W O K O U I V B S J N E R B G N Q H
T M B M J E R V Y Z Q R E D Y J L I
Q Z U R V H D T Y M C T A A B Y X O
Q U H E L F P A P C Q E T E J L K Y
    Y L T L Q L C R N P K H B C R Q
    R L S Y H A H H A U A E Y C S G
      V A Z W S O R O P B U I P A
        E U N F T S C M T N Z D
          W R K Z U V M C E I
          N J V M G R I Y F P
            E K L P L T H
              L O T I O
```

Bake Treats

Easter Movies

Picnic

Pet Parade

Easter Wreath

Easter Celebrations 3

```
            D I N N E R
          Q T X M T K O C
        V K N B A E V Y L K
      K X L Q G P A F E X Z
    Y Y B P X Q S J O G Y Z M J
    M M I H N O I T A R O C E D
  Y G V K J G O D E Y B Q E V E V
  R Q A G N M S E H H A M E H H P
H E A S T E R F L O W E R J I E T M
M J I W M Y B N O V R I L C J Z L U
K U U Y K W V E G S K Q O A I Y U H
O T Q B J T V Y K H G S K V G H B R
  G T E K S A B R E T S A E Z W W
  N V P Q X M O C U M G U C Q X G
    G G F Y R K M Z O S G H G Q
      O Y S D E D R P L I R Q
        J C E F N Y Z K Q Q
        L A S E O R R I O T
          F A X S F O N
            Q S V B O
```

Dinner

Easter Baskets

Costumes

Decorations

Easter Flowers

Easter Celebrations 4

```
            V S P U A R
          W C M A E B B O
        H C E T I F T F C W
      B I T E W N F I E K M F
    T W L D I J T E N K A T P E
    D P V G Q I E N D H E R Q B
  E A S T E R E G G H U N T S G N
  I Y D E N E D G G D V Y G G G U
B I Y T A G T T J L I W W E P W M E
H C G B S Y N I I H S D R S X H Z F
W K H R T B W T E Y D J F M Z Z Y G
  I F C U E R V B F H B V E I E D C I
    T X N R W O F U F H H C J N O X
    H A C C C E V F D A R H C W U E
      F H R U H X B J C Y Y H P P
        K A H H N N Q E Z G O O
          F H T X P W X W W Y
          T W S Z H C Z V G D
            U W Y P T T S
              B C U U G
```

Church

Paint Eggs

Easter Egg Hunt

Easter Crafts

Brunch

Easter Celebrations 5

```
            M U D H Q E
          D G H I V Z G K
        M P I V I U V G U M
        V O U U S E D L S L V O
      Q B W Y E J A R E C I T L Z
      P M K U E Q K Z S A E G E F
    U L J G Z V G B C B V N K P V V
    S B Z N E Y G H A J E O D S D P
  K H G R X A E E O W Q N B O S Y F V
  E F O H P S K Y D F I G T B L E E Z
  W Y C Q D T Q A Y S D E G U R A E G
  M D T Y I E Z W Q G I R P Y V S E K
    Z K Y S R M A E L X H Q V F B A
    E T A X B R N R O C U M P U Y M
        Q Z D I U U R E Q N K N D H
          A V N U R X J D T N N G
            C G O L J F C Y F F
            X O P J W D H T V V
                E M R O R V U
                T P S P J
```

Hide and Seek

Egg Scavenger Hunt

Easter Bingo

Runaway eggs

Bunny Hop

Easter Movies 1

```
                E W T S G P
              O H Q R M Q P A
            M R C C Z L A H W G
          N J S R S X M B R E F X
        B I Y T I B B A R R E T E P
        B N U N K U U F P Q K K K H
      Y Y R H P M A X A D V A T P I J
      Q K F H R I A X Q Q H W O Y F Z
    A Y D P M Y K X X U S U A Y B D H X
    X J P H H Z Q P G T G R Y J S F N I
    X N I Z Q P A J M A D H M T D T M M
    L O O H C S T I B B A R E S A S R T
      B J P E P P A P I G T X N G A E
      W L N D O V Q K Y T M Y F B F H
        U P H P G F P R G F X Z X I
          B V A G Y F G X L Z W U
            L O O V C Z L W R W
            F J X R L V O W A I
              Q J I D G I J
                I B C R L
```

Peter Rabbit

Peppa Pig

Rabbit School

A Week Away

Hop

Easter Movies 2

```
            Y S Z U R T
          W L A O Q E P H
        A Z D D N Z K Y F Z
      I R P P O H J A G S Z T
    P G W N N S T L M E W C N K
    I A S E I T F Q E F G K Q U
  C W J Q K Z N V R L O Q E D Q S
  F V B R U H E X S C E N A T O P
D D Z B M D O M W M A C E S J S L M
O U B P H R D D K A R N Z T V Y H D
X Y R X X Y G N Q E I I T E S N F F
O U A Y R R L A M R M R E R T K F V
  L N L X T M M D D W P L P U H L
  P Z W T W B M W F Y D H A W T D
      L A J Z W O L O L S O R N R
        G S S E C H G B D L A S
          D A R N T N B V B D
            O V L E C I I Z S E
              F T X K L H M
                T F Y O K
```

The Dog Who Saved Easter

Prince of Egypt

Joseph: King of Dreams

The Ten Commandments

Miracle Maker

Easter Parade

Easter Movies 3

```
                D X A J Y F
              H A N I R G S K
            M U D L P Q P S J D
          T Q M O M O U K N V F L
        E P K X F T T K Y A E J E B
        C G Y W A B O X B I G N E E
      P Q N V Q Y X O G R D G H O C S
      V F R U T X R Z H C R I O M D L
    A W V D S C S M I K U A E O G J K N
    D Z J E G A E C I M B U T P D Y Q Q
    F E V N J H F I V G H G A E B A U Z
    I W C F G Y L X G K W E L H V E G W
      R C W V J Q C X I A H E T J K O
      U N L F K V W X L D T S E P P U
        W S E J E S M G A F U N B Z
          C T Q G I F W E O G N S
            W O P Q L G L E E I
            G G J G Z Z D S F W
              I Z U G M I S
              B N A R R
```

Veggie Tales

Zootopia

Rise of the Guardians

Winne the Pooh

Ice Age

Easter Movies 4

```
            V F Y V Q G
          Q G Z E A E U S
        B R Y I B S G B M Z
      A U I R H B A G K R E O
    Z H G S A J P K H A Q D F H
    A J S Y M O D N U W R Y E W
  O Y J B R E V W O N M K B C J E
  J K J U O S X M W T S P R J A O
N D U W N T T D Q Y I Q L Y R Z Z H
N D E F N S A R M L N L P T R F J C
H T Q W Y R R P P L G R Y N H Y B N
G F C L X E G J I I Y N R N D A X U
    R O G R T W I V W A G O W D B N
    T E G G S T R A O R D I N A R Y
      N B D A P K H H V G L P J F
        A W E U X Y A M Y V X B
          U N K Q P H W D C C
          Q A P U T K M W W Y
            Z L Q E C X T
            J O C V C
```

Egg Hunting

Bugs Bunny

An Easter Story

Eggstraordinary (Adventure)

Willy Wonka

Easter Movies 5

```
            G F N W U X
          L O N K J Q X P
        C W R W S B K S O R
      L H A N O J W V N I E R
    B N Z N N R Y A G C S G Q X
    R S Q O M B R J C D B P A O
  Z D C F M O E R S K K Y Q R J H
  A N G V L N I E X R I G Z F H D
N P O T R J D L J W E L L G L X L C
D D B G E P C R Z C B P Y Y R Y X U
O P G P J X P A H C X K R N R F Q G
C Y D K U G Y H T E S Z F H I H K V
  P H O Q Y V C H G W N D D Q J
    X J Z R U H N E B Z V C T F Q W
      G N D B A F S F Q Y A K G H
        S I A T R T I O K T P K
          F X U K A O N V K H
            M N B W R G R G P F
              W M N Y Z F N
                V A W G D
```

The Star

Charlie Brown

Son of God

Ben Hur

Jonah

Easter Baskets Stuffings 1

```
            L Y Z Q I I
          O W D T S T B B
        R N E E K J N B R P
      P D X O N O F I O S D C
    X C X F M G C D P P R L R H
    X F Z L F L O O W G N D N S
  V Q B X M B V L K E G T H N X Z
  O S F E Y A Z W O F Z G A L N T
S N E C K L A C E S W R E X E Q U O
X D X Q U X N C Z O K B P Y W H O C
C H O C O L A T E C Y Y H J I H F X
  E S P E E P W O L L A M H S R A M N
    F E S E L R E L I Y K Y E B H L
    H N W Q T D E O Y Z B J W Q T L
      J R Z V J N U P B A Z F Z K
        J S P U U A Q L O F Z M
          D R L C A C E K F F
          L J F L M R C N O M
              D I S I U R F
              Q N M A M
```

Chocolate

Jellybeans

Marshmallow Peeps

Chocolate bunnies

Necklaces

Candle

Easter Baskets Stuffings 2

```
            S P I M W W
          Y I K G S Q L W
        D G I Z N T G O Y K
      Y K S T H O B S M S J Y
    C U P J B O T Q U K B S B N
    W N B G T E E U Q N L O H S
  M B N A N D E P S B Q L A Q Y W
  V A T P G F I A P R T H P K M F
K Z Q I C H R F D X F Y F D U X R N
R D Y W G J C R O Y B H K U E M Q F
D K Q S F W Q A T X C E T D Y Z U J
Q G U P F W P M C R L Z K B G D O Y
  Z A Z T S C E G L T L G R B U L
  R M J W T Z S O B N O A G K Q W
    J L X A R B J J M S B A N W
      E J X L Y Z K S S R N C
        M T D L O T I O N I
        P Z H A A W D U T C
          C Y E R C O G
            S I U T P
```

Frames

Grass

Notepad

Wall Art

Soap

Lotion

Easter Baskets Stuffings 3

						N	Q	A	R	J	S						
					S	Y	M	I	K	N	V	L					
				Y	I	N	S	R	E	N	N	A	B				
			M	C	W	R	K	I	R	X	Y	X	I	U			
		C	Z	D	I	B	L	C	T	J	Y	X	R	F	J		
		E	F	G	A	K	P	G	H	P	N	Q	F	M	I		
	V	S	K	Y	K	X	F	U	H	J	X	R	X	F	D	U	
	U	R	O	V	E	N	M	I	T	T	S	P	P	A	O	T	
R	U	B	L	X	O	O	H	A	W	B	Y	G	A	K	Y	F	N
O	O	X	J	P	V	G	I	S	L	F	Z	G	T	D	B	N	I
R	I	Z	U	N	X	K	F	C	L	B	O	I	N	P	Q	R	W
T	A	B	L	E	C	L	O	T	H	M	G	A	O	H	F	N	N
	F	Y	S	T	I	C	K	E	R	S	C	D	K	M	U	M	
	F	G	D	N	R	A	Z	W	Z	M	R	S	X	O	N	Y	
		Y	Q	Q	I	Q	J	Q	E	O	M	I	A	S	N		
			T	Q	W	K	L	H	P	F	A	U	T	F			
				A	W	Y	P	I	X	N	G	Q	N				
				J	F	M	I	A	C	F	U	O	U				
						Z	S	C	N	J	X	O					
							T	T	G	I	Z						

Oven mitts

Stickers

Candy

Banners

Tablecloth

Napkins

Easter Baskets Stuffings 4

```
            Z O J T S X
          D C T L G A A D
        V G J Y B Y Z N G W
      U Y K H I Q W A P W J Q
    D D W K Z K G W T X U C K K
    A Z J J J N L E W M L K S F O
  C J N Q G X L N M Z N N U Y Y O
  K L B I H B K Y K C E L M D B E
U A I O O B S C C D P M Z Q J H T W
I J R L U O K F R D Z E K P T P G Z
S L R B J Q K Y R G V R X K S G A R
H T O E B E H S L I C N E P Z C M Q
  H I W K I T C H E N T O W E L S
    Z S C E L H U B X D O Z L Q L N
      E D K Z R B L U P Y L J O W
        Q X E C J O V U I Y C V
          D I R W B A B S B V
          Z C D S K Y P W U Q
            R X E W L M R
            Z H N F W
```

Bubble wand

Pencils

Pens

Stickers

Books

Kitchen towels

Easter Baskets Stuffings 5

```
            N Y W V L L
          V A I N F K S P
        D D U K P O F L G G
      T E S G M G C X L R J D
    E I Y M Y F R Y Z A H Z K W
    X L O U J O Z U S B E H C A
  D G H B M H M T S G Y Y V S S U
  F R M M Q C N M H H C Z B A N A
H X G N Y R V E L M S N P C S X K I
S L A M I N A D E F F U T S T W U F
X R G O Z K Y L S L Y O L Z F E B J
F P A S F R X K P K H B O P T W A W
  N S A I U N Q I D X C E W D G E
  N S T U F F E D A N I M A L S H
    O Y B N D M S B B J F L R S
    X E N A L A C Y W K R B
      F K S Q L H V J D T
      B R A C E L E T S M
        K P T T R M Z
          G H T L F
```

Grass

Stuffed animals

Bouncy balls

Plush toys

Stuffed animals

Bracelets

Easter Basket Stuffings 6

```
            Z A X R L U
          W H K B R S E U
        B U P N J K E J F M
      Q J S E B L W M J H E P
    K A T V P D P Q A P R R L F
    B S K Z L I M A G N E T A C
  M D M S I O W I W D G M Z T S V
  M Q V H F B R Z J R X D M E F W
Q L G F W I W E X A A M R C S S H N
R B R V R O Y M F I C X A B A F X S
E M A R F E R U T C I P E Z Z R Z Q
V O C W S E V E E L S P O T P A L I
  Y P D R G V S W U Y F Z F H R K
  K Y E Z K J N I A R W D E T E F
    W B L M N C V W E J E V Y G
      U M A W M Z D Q V M C S
        L J M J T F I M H D
          P X G I E E Z A M S
            S K Q G I W P
              L M N Y Y
```

Laptop sleeves

Keychain

Magnet

Picture frame

Card Games

Plates

Easter Basket Stuffings 7

```
            V H S C B H
          Z P Z J A Z C L
        W E D L F E O D X W
        R L R G G E S W Q S V F
      V E Q K R R Q F Y M O Q S S
      N K D U C W N L P N X I I D
    P A C Z A A X V L Y N V H I A D
    G V A G D Y L A E C H K J C O A
  K Z F R K G F C Z I J X O F T S A I
  F M S C P T E D C Q X Q C A K I O N
  K S K Z S M G H N O G W K C N C A W
  K X G F A S H T S H A P O Y I A F H
    X W T U T E N N U C S U G X N O
    X S N K A X S O S C C T A W F R
      O T L Q B E O Z G U N E P A
        R J W Z E L I Q U W U R
          Y B Z I L Z N A M K
          M R U K A V J S Z S
            W W B Q I Q I
              N G J D T
```

Balloons

Mugs

Cracker

Coaster

Socks

Placemats

Easter Basket Stuffings 8

```
                    W  T  K  C  F  D
                 Q  X  I  P  U  N  L  X
              A  U  D  O  I  I  S  M  U  G
           M  L  N  L  Z  Q  F  K  O  U  O  P
        P  E  O  C  R  D  A  A  W  X  I  A  T  X
        Q  V  A  F  K  A  B  P  A  C  F  X  I  T
     Y  F  E  Y  Y  D  I  Q  X  L  E  R  Q  X  I  N
     L  F  C  H  Z  G  T  U  E  O  L  I  S  C  X  H
  X  M  U  B  E  A  C  H  B  A  L  L  S  T  I  O  F  Y
  Y  G  W  X  F  V  W  V  S  J  A  P  B  R  P  O  T  F
  D  V  M  K  J  W  U  Z  Z  N  M  H  E  A  T  H  B  J
  K  I  T  E  S  Z  Z  J  R  F  D  O  E  D  N  A  B  S
     B  L  L  K  N  D  G  U  J  Y  N  W  N  K  L  F
     A  H  R  W  N  R  U  I  I  J  E  V  W  X  N  R
        M  X  B  Q  A  M  D  A  K  C  V  A  Z  A
              Y  S  U  W  F  J  O  R  A  S  L  B
                 V  G  D  V  G  F  I  S  D  Y
                 S  J  A  I  E  I  I  E  X  O
                    Z  T  D  B  I  H  M
                    L  X  V  B  U
```

Frisbee

Beach balls

Kites

Lawn darts

Cell phone cases

Easter Songs 1

```
                  E R C Z R M
                S V X U L E H W
              U H P L E I J K F T
            V B O Z F S R Z N G D F
          R E E W E L H Z Z H H Z E Q
          W V N H G L C U S O T E R K
        J F O M E T U C Q F L H L A M C
        J O L C L Q P V I G Y E C U U U
      D N H Y I O D D J P Y S C K O H G H
      V R E M H V Z Y K I M P R U Y Y Y V
      I J Z D A E R P Y L M I U K S L O K
      Z U D L R S E G K J K R C W A P G N
        T D I H A E I Y M J I I U E R O
        Q O U K X G G H A O T F U M F C
          C B Y J H E L G P W I E O S
            H Y E R T H I G B X A C
              J V L R P T J G I I
              D L E Z O F N Z O X
                U B G B E I N
                  O V H P Y
```

Build My Love

Come As You Are

The Crucifixion

How He Loves

Holy Spirit

In the Garden

Easter Songs 2

```
                X J D I G M
              N S Q W N L Y M
            Q M F Z O T L R S T
          H L T K G M H A O V N T
        X L M P N L Z E T T C Q R F
        P D Q Q B O A G I C Q B A S
      F T M R C P R M A D I Y E E V T
      I M E T W S I T R I V V P H P O
    O M Y S E X V O H D A A N T Y M M O
    H C G O C Q A U O E P E F H M C P H
    O G J R C P L S N N S E X N F M K Y
    N A D A M R Y D L K U S B L O M U R
      B Q E A F W A E D S J V B G F Y
        J H H C C C Y O V E X I B N I S
          N Z Q A Q Y R A J F Y H I M
            Y Y M D S H N T X Z E K
              G F S I V S M R T M
                T N L P E P M S T O
                  R R S Q Q Y H
                    O U M A X
```

He Arose

See A Victory

Glorious Day

King of My Heart

In the Garden

Jesus Paid It All

Easter Songs 3

```
            V U X K P J
          X H Y N B Y Q B
        Y P X W I O Z S F T
      N R S X Q V J T R Y T H
    O Q E L Y G F B I Z Q A R P
    X I N Z P C N M S L R M S Z
  P M N O H G M D S U E E A J U X
  U V D L A R V X W R G C Z P P O
D U A I A A X P Y V R I K I P Z L Y
R W O K T U X O C T E W L N F M G Y
N H K Q S G P P N C N F E G U N Y O
P J A C I N U Q P E D B S G Z W D M
  Q M J R R A R P U E Z S R Y I R
    M D U H X V J T Z R L L A N K C
      V K C S V J B A A J O C B L
        O N L Y K I Y L H V E U
          I J A A J J L P E I
            T I J Z W J B W R C
              E C I L B G U
                B B V A H
```

In Christ Alone

Amazing Grace

I Surrender All

You Say

Always

Reckless Love

Easter Songs 4

```
                  S F P F Y S
                N K Q Z Y T I S
              J T K B A I G R M D
            Y Z T P L C L S B L Z T
          H E M H T E D A E L E H H I
          L C O S J S T W V H P D E I
        O V S H V U S D I I Q K H L S S
        K Q L E I P E C U K Q W P O T Y
    X T J E Q H B D S Q Q W A I V F L U
    P U G H L W L A M L E A K W E E I U
    I T V N E Q Z S W F V Q U A O N V X
    Y U G X C I D S D H E V F U F K H Z
        A E T Y P S U O G I R C N G M A
        I D N E B I R U D L J R F O G Z
          L Y Q N A A I K E C B Y D O
              P P K P N A S B U M Z D
                K P K C L G E P N N
                K D A E U M W N Q P
                  Q H B S P Z B
                    J O F V F
```

He Is Risen

O Happy Day

We Believe

He Leadeth Me

The Love of God

Blessed Assurance

Easter Songs 5

```
               T O D D S V
             J N C Z Y I K Q
           Q H G L F P M L A C
         U O W S O P U P W M K Q
       Z K H Z S E C P L Z A F U Q
       C C N L O Q A S E G Z O R U
     P M O E P R K O K G X I R T F T
     E K R K M C B V R O K N E M Z N
   I T G N O F E G U S S L G V D D R
 T O B E R E H B T I P P G E N M Q B
 W B K R B L T Z X H E Y R R P D E A
 U Q A S Y Y R K I Z L Y A P I S Q S
     A V T L G O Z H B W M C W H K E
     A H O T H F F P L T D E T J X J
       Z N E P A C G C H L O E A D
         E E J I D N N H R F Q J
           W L J E X K M I L L
             S U R B D D T W C X
               Z C H K Y H T
                 I U P G G
```

Simple Gospel

Forever

For the Cross

Sweetly Broken

Cornerstone

Amazing Grace

Easter Parade Items and Events 1

```
            U Q G B Z M
          Z Z E F J H L R
        Q N E G O I I B E H
      Z T Z G H E L G H D Z U
    A D Y B M Q F M E J A S H R
    Z F S C D F F D K E M Q J
  W T D L O X V Z W E J L A V T T
  U X R E N G F J S C B R R R S H
Y S T F Q C S Q R T O K E C P I I P
W R N I O E Y E E M R S E H O B J I
L L M Z R R L A C S A N H I T Z Z G
X B U M I T H H L T T J C N E F E C
  P O Y M O M P C E I H V G V S O
  N S R N S Y E D K O J E B R O P
    O R O V Y E Q S N F I A M Q
      U S M H L V A Q I N N S
        M A P Q V B U U I D
          F O L L W B O I Y O
            J X C Y S P M
              Z X L C Q
```

Baskets

Decoration

Marching band

Concert

Cheerleader

Sermon

Easter Parade Items and Events 2

```
            P T J P V B
          H R H V S V D D
        X O M A H V K C E M
      C I T E C M D V S G C C
    I D J A R I J M S E S R O H
   F J V I M H Q S U K T X A T
  B D J E R E C K C W I P A B B G
  M Z D K B L O R T G B T G B T U
V K D S L A H N R N B J T P K R E K
Q M Q H U L W V C K U S Y D F O J Q
O F Y V L L N E O B N E N D V W M M
O C I S M O Y R C F N N P M Y A T A
  H Q V I O R T F E Y W H S Y F N
  E V F Y N V I N Q C L M E N H V
      C T Y S D B L Y O X A Y R J
        W N E T L A S S W M M Y
          P O N E I K T O A B
          S U T K F O U X E F
            Z R V J M G R
              R M L E D
```

Hymns

Convertibles

Horses

Hot air balloons

Bunny Costume

Bikes

Easter Parade Items and Events 3

```
            K H D D G R
          P Y S E S I W E
        R O C E R A S X R B
      Z S N A H U J X K S K E
    Z G Q Y R W T G G V N C X P
    M S C R N C P T I H D I Z B
  K S U N I I A L B A Y W M S M G
  F P R J D V R U T N N F J P Y B
O Z I N R E A I C X T L M R O E E M
U K V O G S L C S O E O T S O F X O
B E Q A L G G A N H G T V I N K J E
E N I X W M A T O M G C L U R C B I
  J Y I C D M U O E S W V F A L A
  R U Q Y V E R L B C Q R A C M N
    W L X O S I L O O I A L E Y
        B S D P S A T E I I G N
          V H X T B S J A W Z
          Y D U T D A C V A X
            O H E Z P G I
            J Z X Z R
```

Balloon sculptures

Giant eggs

Pony rides

Carnival games

Spoon races

Caricaturists

Easter Parade Items and Events 4

```
                  Q T G X G O
                X H H O M V O D
              T S U Z S R Z L G H
            H S A U L U D Y F Y K U
          Z N Z D N C T Z G T N U Z K
          N B L A J I G Y E S Q Y I A
        X Y S S N T H S Q V N Y A M Y T
        H J Q R C F W R B J J N R L L U
      H U E V L E N A A T G H N T F I Z G
      K H T F E S L A C I A A U A D F Y I
      B H O J M G O G E N J L B N F P S L
      C D O A I V W S G W C P S D D E B K
        U U P M E N D A U F O G C W M J
          L T J V H K J T N J L U R X Z X
            N U N L B W N G J Z B A N Z
              H V E Q X I Q U B K F G
                M H J H V F P C W T
                  O M Q E Z N K W J F
                    Y P K D S Z K
                      A R Z H A
```

Art and craft

Mimes

Jugglers

Dances

Bugs Bunny

Vintage cars

Easter Parade Items and Events 5

```
                Q B G Z C B
                K D P K J M P D
              X N H G X S X F K W
            R Y C V R S T T D E O P
          T D T S I G F I T J A N Z A
          P R N U N S Y L H U S S Z T
        I Q W U H W P E T X B T I F L Y
        P Z Z H L P F R W L L E B Q N F
      U A R B G Z R Y P A U A R E H G R D
      E I E S G M Q P E L C C H K K D J I
      C F R G E H B H F K R S A Y O O F C
      I I J F G Q S C O E B W T F W X M J
          J S Y F R T K L R A K S U H X H
          E U U T W O T A B O R C A Q Z J
            B C M F J L P V J S A A Y A
              W Z E Z N L P O F Q L V
                S G V K R I K W G P
                D W O I A Q N U E C
                  B Z L J F G K
                  Q D H F F
```

Stilt walkers

Acrobats

Easter hats

Live music

Egg hunts

Egg rolling

Easter Parade Items and Events 6

```
            S R F E M G
          T S H F W H C G
        A B T N D S A F A Z
      A U L D Y O O N H O L I
    L X Z H Q N Q O R N B F S N
    S R E T O O C S L O N Q C O
  L X B L U B V Z E Z L X D S J S
  T J W Z X X O N L D Z A I T K S
V O W J R J W U Z F I E T B D F E A
Y Y L U E A S T E R C A N D Y U I B
I S U R K N G E A Y D J X X X U N K
V E S G N I T N I A P E C A F U N T
  C H N L S T A W C X A R T P Z U
  J F E E L K G Q Z B U G Q R B B
    U K X P Y S B L U C Y Q Q S
      L Z D P D G M N K O P Z
        N W T T U F A J Y Y
          I C Q C O Z R V Z A
            F Q C E N P R
              M X X Q B
```

Scooters

Face paintings

Balloons

Bunnies

Toys

Easter candy

Easter Parade Items and Events 7

```
            P K U F W W
          H P V C I J B Y
        S R D U K E E A P R
      T U W X B B J K X E D A
    K S S I O R S V Q M A J Q S
    G V G W H H F F O Y F P U U
  M N Q L J O A S V H P O O L C S
  K I Q B C R H A C K M Y X H B A
B J Y H E B S Q S G I D F M N L I R
E I L T G K E P V T D G Q F V P M V
Q A F O G L S O M H E L A I H Q B T
U X E N T L H L I T I P E M D Z W W
    D T F O W O I Y R Z P P Z T C B
      P I M S N W C O K C Y C U M R V
          K A S I S E O T Q B P B P E
            Z I R H C L I K L M I Z
              N T E A K C M X S U
                G T R R Y B B P H U
                    B S D Y H O F
                      S P Q W S
```

Horse shows

Police cars

Magic shows

Puppet shows

Egg tossing

Kite flying

Lent 1

```
            I S S Y Q K
          Z X V V E F O A
        F F N G A L G I L I
      E A A W O S M D H V E X
    Y G S S N B I W C O F S Q N
    Y T T B O O S S D M M M W Q
  T P M I T I J I R S S E H P L D
  T R D N L T W A T I E F J U Y I
E K N C G H A H T L C Y F K N D F M
V V W V B P I U A V D E X N V O J A
V O A E D Z L M T B J Q L I O Y T H
T A A V G N I O C I B W L F K C T X
  J Z D N N C T A X R F K E E H L
  S E F I W N P M R B I A Q Z R G
    A M P Y O S I J N O P Z C U
      S B Y C K Z T P B E S D
        J Q E P Z F F J Q R
          L L R H V N D D J U
            G V M I P B Y
              Y K N K E
```

Fasting

Minimalism

Reflection

Spirituality

Confession

Reconciliation

Lent 2

```
                  N K C K H W
                G D Q R Y U H Q
              H T W O R G N H H M
            D Y R G B C M E Q X F G
          Y T I L A R O M E B T Y I M
          X W Z T G F A E L C B L S G
        K I Y Z T D P I L G R I M A G E
        L F V V E P M M Z G X W V V L R
      F G F K T E I L O L C H D B G Y I F
      Q Z N O I T A M R O F S N A R T O P
      C R R M R B V Z J L D F L C N K W D
      I D C K U X F O Y H U V K F C B O Z
        C O M M U N I T Y S E R V I C E
        N P O B T E D U T I T A R G G O
          U T E K N Q V G F C V L R Y
            L C V O H A H I X O W D
              V N Y V C U C H Z Q
                S Y T K U H F D C Z
                  E I W W C Q J
                    T V A G U
```

Gratitude

Pilgrimage

Morality

Growth

Transformation

Community service

Lent 3

```
            G K T L U D
          I W B A N O L B
        U S C G E D C J A K
      P M G V P R Z T P D O K
    G A C I S Q T X J T H B S T
    Y N S Z R E E E J S A S O J
  S T Y E E W F R S H E B M L X P
  U I J J Y J U L V U L I R I Q Y
O L S N S O T Q A X Z F T Z T U Z T
M N O K K A U Y U A C A S R U B W R
Q B R X N N D B T J T W Y I D T E T
Y V E O Q Y M R I E M A X D E D J G
  F N A K Z K L R D N R L H C M W
    L E U Q M N E I G K E R E Y K O
      G S E E F V P O F N L I T R
        F P O G K S G L E J S Q
          E L E J J V L S E X
            U C A P E I X S Y I
              Z Y I M L H E
                W V T C I
```

Self-awareness

Bad habits

Spiritual retreat

Nature

Solitude

Generosity

Lent 4

```
            C  J  S  T  U  D
         N  F  J  R  Y  H  X  S
         X  F  S  C  E  S  J  U  R  N
      Y  U  O  N  F  C  C  C  X  E  J  G
      J  W  N  R  H  N  O  C  N  M  A  S  V  J
      W  C  P  G  N  Z  N  L  O  S  L  E  A  E
   O  L  Z  V  I  N  R  C  B  L  P  J  C  J  V  L
   I  A  U  U  V  F  Y  I  T  B  I  B  N  R  V  A
U  K  W  Q  M  E  K  S  L  C  P  H  D  A  X  H  S  E
O  B  E  N  K  N  V  T  I  M  A  S  P  N  L  U  P  P
O  S  N  D  O  E  G  N  A  A  Y  N  K  E  S  S  M  N
P  A  E  L  C  S  N  P  T  R  Q  O  Z  P  A  K  O  Q
   O  R  C  U  S  K  G  I  L  Q  I  J  L  M  I  E
   V  F  N  T  B  E  I  O  D  P  T  C  F  T  X  Q
      R  H  N  U  U  P  N  H  T  A  Z  O  O  K
         N  I  W  A  Y  G  F  E  L  V  W  E
            U  B  G  Y  K  Q  N  E  N  B
            L  G  G  I  M  Q  D  R  Y  H
               Z  U  I  B  O  X  Q
               R  P  S  O  I
```

Forgiveness

Devotion

Penance

Renewal

Reconciliation

Relationships

Lent 5

```
            N E U T X L
          V I N I A S F J
        R D O I I C T B F Y
      K M E U L H X V P J Q E
    Z N L V M P U H A F M S L V
    S J K N S I W N Z K V H L O
  W S Z U Y A C O L T J X M C Z R
  X M C A G T S H O F E T U A F G
G L O H D N D I R R C J E R O C I L
A V E A J O D D S T M G D R P Q K S
V M L R C I W F B N O N O A I H V B
X H A I W T Q L C O N I Z L R N Y D
  Q B T C A H E J C J D W U R P G
  B P Y J T P S A F H A M T T Z F
    B I D I Y N J L Z E Y E E Z
      X R D F T W E J R D Q B
        L E U C G S N S E K
        J M R C W B R F X G
          U Y Z B M T D
            P V G Q U
```

Volunteering

Charity

Reading

Meditation

Self-discipline

Self-control

Easter Candy 1

```
                    U  L  T  S  I  N
                 T  B  L  N  M  I  P  R
              W  E  G  A  Y  T  O  O  N  C
           F  I  R  E  C  X  X  R  E  P  R  L
        S  J  K  B  C  H  B  P  D  A  P  P  J  G
        J  J  Y  M  M  O  O  E  Y  W  T  X  X  Q
     K  V  L  R  A  B  C  L  A  C  L  W  O  T  R  B
     L  L  J  G  R  B  O  Z  N  H  O  L  V  B  G  Y
  Y  E  T  W  X  S  K  L  T  U  O  N  X  O  B  W  R  P
  J  E  N  B  G  H  P  A  I  T  C  Z  W  L  A  L  Y  J
  Q  E  X  H  L  M  Z  T  V  B  O  A  A  H  Z  Z  C  J
  Z  K  Q  H  U  A  M  E  Z  U  L  I  W  L  G  Z  U  H
     N  Q  J  L  L  I  B  E  T  A  Z  X  Q  W  O  R
     S  X  R  Z  L  I  U  J  T  T  W  P  A  M  V  M
        L  E  J  O  H  N  Y  E  E  B  L  I  F  L
           A  O  W  W  N  V  R  E  Q  H  X  P
              R  G  V  I  T  E  G  O  O  Y
              P  E  R  E  K  G  G  X  K  I
                 P  S  C  G  S  J  R
                    D  D  S  K  W
```

Chocolate eggs

Peanut Butter Eggs

Marshmallow

Jelly Beans

Chocolate Bunnies

Easter Candy 2

```
            T Z G K M I
          L Q G H O S K P
        S T F V Q A U R R M
        J G J Q R Q V R X Y A Q
      H N I Y E G U K N D Z N D U
      A I B F P X U I A T C F G L
    L K Q J I B I P M T H G A C R C
    B N T B Y H U P C M S K Q N F D
  N M Q R T I Z B V I O Y N B B D P Z
  O G U M M Y R I N G S G W A G F Y J
  T O O T S I E R O L L S H O C R M H
  Z K J M O T C U K M O P U D R K H Y
    Q Q F U D D V R D D O P C L M S
    E L P K K X O G I X R N D P Q S
      C X C T D A Z Q P D J B D Q
        E K T M K K W T Y X O M
          B B W S O J R D B D
          A I B K L K E N N H
            V O R M G A T
              W X O G C
```

Tootsie Rolls

Hard Candy

Candy Drops

Gummy Worms

Gummy Rings

Fruit Snacks

Easter Candy 3

```
            D D B W U R
          R R X U Z D D S
        Q N U R N L Q A I F
      Y U B W T N M X R P F Q
    P V M E U A Y C B K F R Y R
    G M Y T O F L O S C V Z L G
  X C T F A B F O C N H Y C W H Z
  R S E C L P Y L O I O Q A O M R
D R D I I O X E L N O C K R Q X B D
Y L B T N C Q G I U C O K K Q M N V
E Q H O Y O C G P T E L B O O A E D
L B P X O H M S O E T A C Y O N K L
  D Y U T C H W P G A T G E R F G
  U Q E I E N W S G L E T J H L S
    O C W T D Q Z S O E V N T U
      E K I R Q O Q C G O A A
        N H K W H E O G N O
        J W Y M F A H S A Q
          O Q U X C O W
            A Z U S Q
```

Taffy Eggs

Coconut Eggs

Dark Chocolate Eggs

Bunny Lollipops

White Chocolate

Chocolate Coins

Easter Candy 4

```
            Y M E M J X
            K B M & M S F I
          J S O Z Y E Y G P N
        W L R D G I O K J S U S
      K Z R U R D P G H B T T W E
      V B J Q N V H O K M Z R E I
    F V M C A N B N T I I H G E I M
    A J B C C Q M W O W U X V T R S
  S S E D C P V D W H G T K W T C J Y
  I E R O B I N E G G S U D G A U H N
  S A S F H E D C O C Z C N B R I F K
  H J O E F W W R V G B T D F T D P Q
    S G G E Y M M U G F Q Q S S N P
    S N J M R L P I Z Q R O T W M I
      T E W U S M Q M N O R I B A
        L F A K K Y B D O J D M
          Y I U V J M I S Z W
          H D U C N C K C J G
            H I L L A B U
            L W V A C
```

Reese's

M&M

Gummy Eggs

Robin Eggs

Sweet Tarts (Egg shaped)

Hard Candies (Egg shaped)

Easter Candy 5

```
            I V G W P I
          X N U M Y D H Z
        R P J F Q C I M L Y
      G W E R H J G Y R C B O
    T U U R A J A O O U V T S U
    B O G K B J R U G J L W T Y
  T P N V W E I I D U Y M S U I P
  M B E R C T D P W R Y E K N R C
P E U G W A A Y B N T R C C H A W N
K Z W C X R L S E I E S H I T Y G I
C W Z E X A O J N Z G H G H I G E D
F C Y Y B M C S R M G K I C W I W L
  G V J R E O M O I S E Y Y S S I
    D M X L L H D C Q A N V M G C J
      V T B E C T Y R S O B M G X
        L V G X L D C G E W U E
          N G U Z N S E F G G
          S S B Q A Y J P I C
            M P C J B O K
              G A H D D
```

Caramel Eggs

Chocolate Bar

Candy Corn

Eggs with Nuts

Yogurt Eggs

Gummy Chicks

Easter Candy 6

```
            B M L P A G
          V I Q J E H Q B
        A V H K F P T F R I
      A O W Q A H P I L S O Z
    L S T S W X D E F L G P P T
    E O W K I D B R M H G R P F
  J G O I C M R N M M L E E H V T
  R G X K U G N G I S I D T Z I M
J J B T T D B E Q N D F N Z B N H Q
U J E F T Y N M C T E V O E G T W C
Z D A V U M V M C E V B M L Y C X W
A F N S N M X E I G M Q L S L S P Q
  L S P L U T J J G N C A H F C J
  A Q W E G I V P S M S S R I Q R
    U W Z W S T V X P E N R Z J
      E A W P J C H Z Q V F J
        H K K I G U V L Q C
        X D X G Z J U A E X
          D E U K A C U
            W L O Z M
```

Gummy Ducks

Egg Beans

Pretzels

Hazelnut

Almond Eggs

Peppermint Eggs

Easter Candy 7

```
            W A C Y S S
          H V D W A E R X
        B A V P Q C A Q W S
      T G L B M V L S H U K M
    N K M Y C R O S A X B X Z K
    K V L E J D L G L V Q H E O
  L B A N O P C M G T J H U L N Y
  F E X E S I Z L E C H O F J T Q
S P N X U M T M B A A T I X Q X G N
M K N U H B I M D H R Y H J F X I N
A D A R K M I N T C A N D Y V V F P
X Q X X A U Y W Q O M D W R E W P B
  V X Y Z X G K U M E X U V T R S
    Y S G G E D E Z I L E M A R A C
      D K L S G G E E N I L A R P
        Z W Q E Z L M X G T H U
          T F P V J O P Q J N
          R S A O J P L W V R
            Z K S T K M I
              J F H B I
```

Mocha Eggs

Dark Mint Candy

Praline Eggs

Cinnamon Eggs

Caramelized Eggs

Sea Salt Caramel

Easter Candy 8

Pistachio Eggs

Dark Cherry Eggs

Maple Eggs

Honey Eggs

Dark Orange Candy

Dark Espresso Eggs

Easter Candy 9

```
            U  P  S  V  F  H
            X  O  R  F  H  M  A  H
         T  D  F  A  H  K  L  Z  S  C
         X  A  P  U  S  O  F  F  E  G  S  Y
      T  C  M  V  T  P  L  M  R  L  G  G  I  Z
      D  W  C  Z  W  B  L  X  W  N  E  B  F  R
   H  J  R  V  O  K  E  O  Z  V  U  L  A  Z  P  W
   V  Z  N  P  M  O  R  W  E  I  T  E  Y  A  N  K
L  V  K  Y  E  A  W  R  A  E  E  C  M  T  H  X  H  M
R  E  H  Z  E  Q  X  Y  L  F  S  R  A  G  U  K  O  H
N  D  F  Q  M  A  I  E  M  F  P  U  R  O  B  S  A  E
W  Q  A  Y  H  C  C  G  O  O  R  N  A  K  I  B  L  A
   U  K  U  I  X  Y  G  N  T  E  C  C  B  G  U  X
   U  W  W  C  G  W  S  D  E  S  H  D  S  P  M  S
      T  W  B  M  X  A  E  G  S  E  E  T  G  P
         W  M  L  L  W  G  N  O  G  T  M  S
            U  P  D  N  G  A  E  G  L  Y
            X  D  T  I  S  R  G  S  A  G
               O  B  I  O  G  S  S
               N  C  B  S  V
```

Raspberry Eggs

Orange Toffee

Espresso Eggs

Hazelnut Crunch Eggs

Salted Caramel Eggs

Hollow Almond Eggs

Easter Candy 10

```
            P A P W O Q
          S V O F X B I S
        T X G S G G E T A O
      V A N R G K M I T F B O
    U V F E J Q E H V X J F T F
    I F J M A K O C S C L G D Y
  M P M W N H N W L I Z M D S A L
  S A F V R O V O Q U R H M Z H D
T G J A A W T M Y F K N E N G L N F
S O Y E G G S Q B M Q W P M K R G U
X A W Z N F X V Y V I T T W R H T I
B S G G E M O A D R A C P I U J U
  G V X D K G G V F B H H D Z F T
  Z Q U A X J T M R Z S C E Y K L
    U N J P G T P E K A C G G E
      H P I Z F W B U L Q L Z
        B S A L O B R L A M
        E U F G A Y J Y K D
          N H J G V Y D
            A N D O E
```

Egg cake

Soy eggs

Oat eggs

Cardamom eggs

Turmeric eggs

Easter Tridium 1

```
            L U M V X L
          G U Q V R J T L
        B P B Y I A G E D Y
      C P V I G I L M A S S S
    V Z G K Y J B R Y J G U E T
    Y U P G V P L T P V Y I H Z
    E A S T E R L I L I E S E A J X
  V E W E V P F A K J T B R E I Y
G I F F R P A S C H A L C A N D L E
E U O P I T W Y J Z E Q S O K A S V
S Q N D F Y E G E S L T A L X V P L
F Z Y P R B A W S B E M V G T W X O
  N K O E M W I A R P K P I C Q P
  X M N T T N P F Q O A W L E A G
      U T S G L O N V Z K C S G F
        O A W O Z S B P H N E M
          E D Q G F Q L L A Q
          F S U N S I R N O K
            W H F O T A O
              X K S C T
```

Vigil Mass

The Blessing

Easter Food

Easter Fire

Paschal Candle

Easter Lilies

Pageants

Easter Tridium 2

```
            E K R E R G
          W R P N B M O T
          U N N S S U B O L D
        P S J K S R M I D I O X
      S U H W C A G A F F N J E P
      H N R V O M R U E R A W D Y
    A Q P S Q F Y N N E I G C H M D
    Z K U I L N A T D T D K B X P X
  Z E F C I Y U D M Y W A A W I X K N
  O T I O P S P S E T A Y W G G L K M
  V T F D K X G R G H S S U U T W F X
  U S L H J E H U H U H E T I L A G P
    E D D P I M H P R I R Q C X R Z
    Z I I N A X T J S N V N A P B R
      X A R N A J K D G I R S U Q
        F N D V Z E A A C C K N
          D Q T O J Y J E Z I
          K P A O H P E S R L
            X U T C E B O
              K M P K C
```

Thursday Mass

Feet washing

Maundy Thursday

Last Supper Reenactment

Good Friday Services

Easter Tridium 3

```
            P L F Y G Q
          Z M Q G A Z K Y
        M F E D P M N N G T
      Y G P D U P T C P J P X
    H K C O I D A E R A W T G V
    Z H E L T Q G Q O S A Y X M
  F E J J M A D S L S S E A X P Q
  I O A U A T K B E S I L D R X V
T S C Y G Y I Z O V P O L R I E E L
I G S G E E O T Z A R N V U I B J U
A T M J K T N P P N O O A T X G W M
E R W T M E R H B J C F Y A X G X J
  I E F H M X W B T E C D S I P I
  X R Y A Z C U A T S H L Y S B F
    K D A A N D W J S R W L C Y
      V T R U K L O I I M O E
        P T P L C W O S W H
          T M M S K V N T Z D
            T P A S P B Y
              J U H M G
```

Cross Procession

Passion of Christ

Prayer

Meditation

Holy Saturday

Easter Tridium 4

```
            B F L S N I
          Q P B N I G A N
        W W T S D Q L T K G
      B Z L V V I B B B R A B
    E Q F M S R H S R R M B E V
    G N I S S E L B Y H A A H X
  D J A G Y Z T Q L E D D P O H P
  F Q B F I L A W E N E R T S Q V
U K Z R K P I W H M F U W I N D M H
B P G Z Q U M R E Q E O W S O F P R
U Z E O D B G E Y M X H D M U T Q I
M N B S F W L T T E V O L A K Q A I
  N L G W Z N S R X N R T L O H N
  W I H Z X N A X S V T C V M B O
    M J R K M E Q U Z E P O P O
      L W V Z B E L I E U W A
        B D D E T T S C B S
        R O W S N E K Y G A
          T O D T D Q B
            B N V T W
```

Baptismal Vows

Exsultet

Easter Water

Renewal

Blessing

Easter Tridium 5

```
            G U Y X W H
          J Y P N V V J W
        W W N H L A G W R G
      V F Y I H X V G S J J G
    V F L Z H G F N O K P K U Y
    F I Z K B E O E E A A J J R
  K M H R E K F M L Q B P B X M Z
  A I Q E A E V S R N R H K D A D
F T G I M S R E M S S R Y B L H V N
Y Q W H X T K Q G D I W C X U E C G
Q U H O T E R D V N K A M G Z V B S
R A X A O R W D S E Q B P B L R R H
  Z V P C G C M I I X C L H U E U
  S Y K P I U Y O R D Q G N W G R
    S E F F E W S F L V C O L E
    S L T N V E A X H L D F
    X S U Q S K W F T L
    J B U X S Q W J O M
      J K S P P L M
      B N G B F
```

Flowers

Brunch

Family

Friends

Easter Gifts

Healthy Easter Activities 1

```
            U P D J U J
            L B U Y R S H L
          Y B W F L Q U N F I
        T C E P Q W G J D G W K
      Q O L V W C A Q X D D J Z O
      S I M M X Z U S C C R G G W
    Y P A D D L E B O A R D I N G B
    R Z H B G H O L P H O V X W U P
  X O J K R N F N K K O H X Z S G A R
  U O E N G N I E O H S W O N S N H Y
  J H V G N I N N U R L I A R T S I A
  F G E G N I D I L G A R A P L P B R
    U Z W J N Q G W S N P J E F X P
    N G N I D I R E S R O H X S I X
      T E B I C E S K A T I N G A
        V Q T L W Q R Y Y Z V A
          Q V A T O B Z R Y Z
            J O P H M G D I Y D
              Y P H A Q Q W
              P K A I D
```

Trail Running

Horse Riding

Paddleboarding

Ice Skating

Snowshoeing

Paragliding

Healthy Easter Activities 2

```
            A G J F M Y
          A K I H K O L O
          B E G G T W I S T S
        N B T L M Y R H Z N G R
        C J Z Y V B I K E R I D E M
        Y K K P J C Y F T D U M L Z
      U C R U O T N E D R A G N E A X
      F O D O G X E H B N P O Z Q P R
    D N A T U R E H I K E I J I O J H M
    E Z W R P R D N S G T E X E M C I S
    W O K T X L W L H A I R A G K H C M
    S A X A U P S Y T I C A G O Y J T V
        O P E I C D I F E U J V X R V C
        S P I H F D I E P W I B P E H N
          B B U E Z G F R U R E V A E
          G M N B O Y L N I A C W
            L C H O Z Q O A E G
            K M N P W Q N P G V
              N L Z J U Y O
              V V E N I
```

Egg Twists

Nature Hike

Bike Ride

Yoga

Meditation

Garden Tour

Healthy Easter Activities 3

```
            B G F P X B
          A C P D F N F U
        J Z T W W P U E P S
      I F L R C J U G A U K O
    P Q E K S Y E M H T F I A M
    L V Z I A Y C F W D W P R E
  F M S U U F W H V M H U P T F B
  X W P M W N E F Z Z T A I Y V R
B X T O B K X I J E Z V P N E C U K
B K N X A H O G X K R A V G H B N A
Y I W I A R Y H S I S D O R P Y N T
B A B H Q H M T W H X B N O Q A I V
  H D N S P X L J A G A R P I T N
  F I V B Y L I S G Z Z Q E Z L G
      C G B J K F S O C C E R C Q
        X W T P T E Y A Q Y W Z
          U X T I B T D J L L
          G L E N A C F I T A
            Q G A J E I E
              D A X M H
```

Soccer

Skipping Rope

Weightlifting

Running

Zumba

Yoga Hike

Healthy Easter Activities 4

```
            Z T F P C W
          F Y S U O N O N
        F R N G E H M H O C
      V I U S N W S J A T W W
    D O X I N I O K P B N K D Z
    Q L R T G M O R E P I M A L
  S R L L T M Y O L J M X P M K
  W G E F A L I J W X S D I Y P H
U R N Y K S J W Z E H S A K P L R K
V W K B W T D S L C D A B D N N K K
X V H A B I W O W I Q L D C G A W N
B J J L S N Z A G U B C B R I K D K
  S E L W G K Y K J Y G X C V G S
    Z O N C V V X H N M N R G M S N
      K S Z X F F C E X I S Y X Z
        C P R C P N E B K B Q D
        H C Z B F R O O X Y
        R V M A I G H O B O
          Q S W F C C R
          J C D F L
```

Fruit Tasting

Cooking Class

Green Juice Workshop

Swimming

Volleyball

Badminton

Healthy Easter Activities 5

```
            I D E Q J M
          W B Y B F S X D
        L I A B U V Y U N S
      R L M S P M Q X A R H V
    R Q C J K H C G G V J F Q E
    S H O D E O L V N E N A I C
  Z Z E E P T U Z W G I Y B T N X
  X F M T D B N X W G B K W D A G
M R N G H A A G O N N U B A X D K R
U S K X E W L U N G I C Y F Y Y J B
Z J R O A B L I V N B S O S Z A V P
Q Q B O L Y N R P I M K E S D U K V
  S Y V U J U B J V I O N Q N J Y
  V W N W I R C L I L A S H C S G
    N I Y D E B E D C U L L V O
      J A X K N B A K L G S T
        G U H A A B C I Z V
        A M H U P U O A V T
            M Y P C R R D
            O Z S L J
```

Basketball

Pilates

Dance

Kayaking

Surfing

Scuba Diving

Rock Climbing

ANSWERS

Easter Common Terms 1

EASTERSUNDAY   BUNNY   EGG
BASKET   HAM   LILY
CHICKS

Easter Common Terms 2

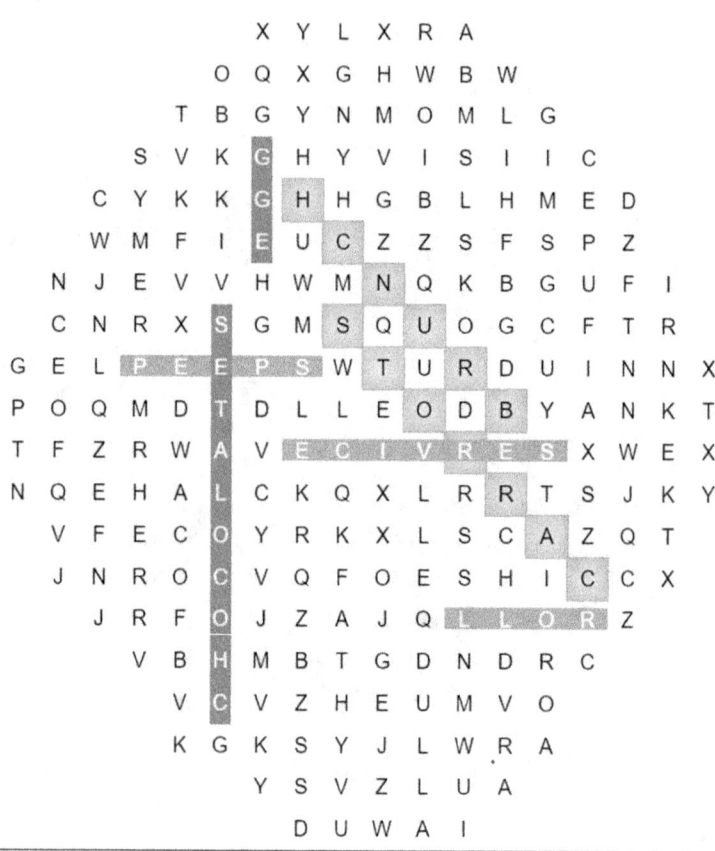

SERVICE
EGG
PEEPS

BRUNCH
ROLL

CARROTS
CHOCOLATES

Easter Common Terms 3

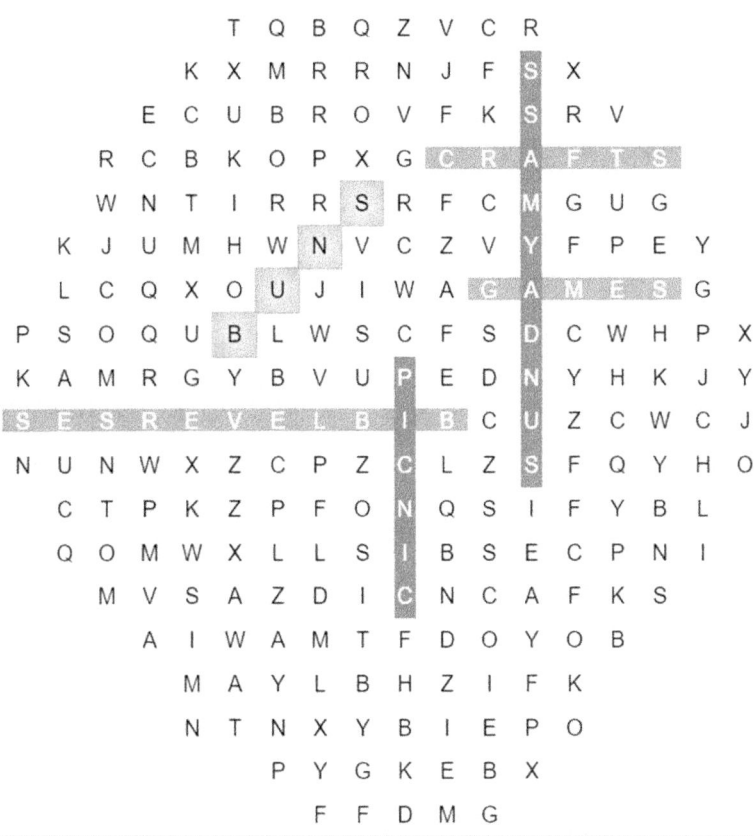

SUNDAYMASS BUNS GAMES
CRAFTS BIBLEVERSES PICNIC

Easter Common Terms 4

GOODFRIDAY   PALMSUNDAY   EGGHUNT
DECORATIONS   CROSS   OUTFITS

Easter Common Terms 5

LENT
CONFETTI
ASHWEDNESDAY
RABBITS
MAUNDYTHURSDAY

Easter Common Terms 6

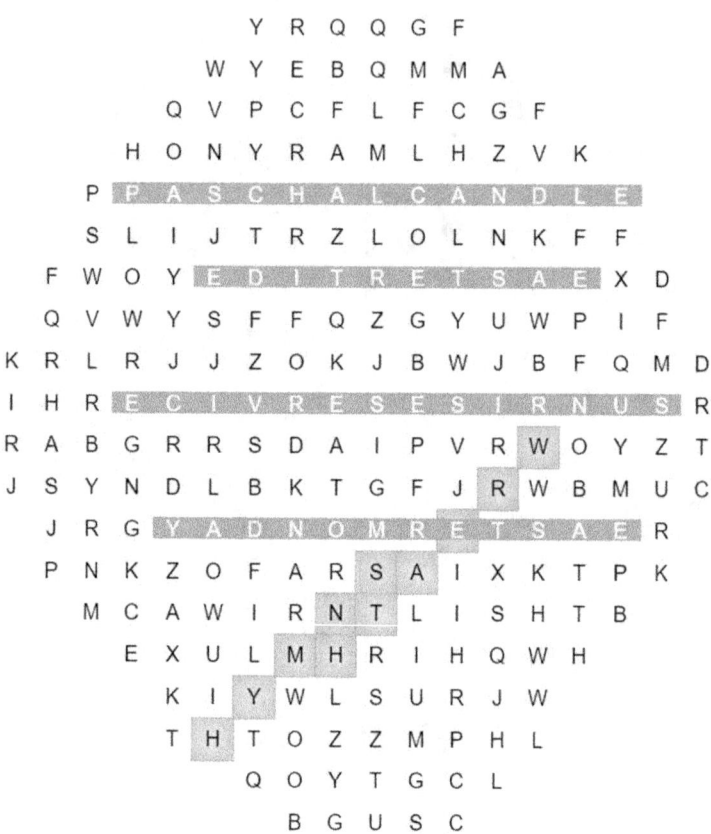

EASTERTIDE EASTERMONDAY PASCHALCANDLE
SUNRISESERVICE WREATH HYMNS

Easter Common Terms 7

SUNDAYDINNER   EGGHUNT   DESSERT
HOMEDECOR   FESTIVAL   BASKETSTUFFERS

Easter Common Terms 8

```
            V  E  C  T  S  M
            H  E  Y  O  G  B  M  H
            W  Q  A  Q  T  L  C  U  B  K
         G  H  B  L  E  S  S  I  N  G  G  E
         R  R  L  I  C  N  E  T  S  G  G  E  J  K
         T  Q  A  B  B  G  M  V  Q  X  O  E  Z  O
      V  W  N  J  C  U  B  X  L  U  E  X  Z  U  O  L
      Y  H  Z  U  N  O  I  T  A  R  B  E  L  E  C  G
   C  M  N  O  I  T  A  M  A  L  C  O  R  P  T  U  H  X
   T  F  O  K  D  V  B  X  D  Y  E  H  E  C  W  U  W  J
   M  Y  F  W  O  I  V  V  Q  X  C  C  R  V  H  M  U  A
   U  X  G  F  G  I  V  K  L  S  S  K  M  U  B  Y  X  H
      A  U  O  M  N  V  L  L  T  X  X  K  G  I  N  M
   N  O  I  T  A  R  O  C  E  D  E  L  B  A  T  R
         S  T  H  X  L  A  O  E  K  G  W  K  W  R
            X  V  M  J  L  E  W  S  U  N  O  L
               A  G  P  Z  Z  S  F  T  C  L
               X  L  G  N  V  O  T  V  D  L
                  R  E  W  R  A  R  V
                     N  W  B  P  S
```

EGGSTENCIL	PROCLAMATION	TABLEDECORATION
BLESSING	SWEETS	CELEBRATION

Easter Common Terms 9

INSPIRATION COSTUMES SUNDAYBUFFET
PARTYTHEMES EGGHUNT

Easter Common Terms 10

JESUSCHRIST   APRIL   FEAST
RENEWAL   HOPE   LUNARCALENDAR

Types of Easter Eggs 1

STICKER GLITTER PAPIERMACHE
SOAPEGGS CONFETTI HENNA
SAND

Types of Easter Eggs 2

| PAINTED | CHOCOLATE | PLASTIC |
| FABERGE | WOODEN | CERAMIC |

Types of Easter Eggs 3

PAPER   MUD   EGGCANDY
TOY   FLOWER   FABRIC

Types of Easter Eggs 4

HOLLOW   FABRICDYE   MOSAICDESIGN
BEADED   SILVER

Types of Easter Eggs 5

JELLO
HANDDYED
METAL
MARBLED
EGGCANDY
BOILED

Types of Easter Eggs 6

```
              O F K G G L
            F R K V N T G W
          U J X I C L Z L Q A
        J G S K B Q N W O Z T U
      Y L U I G X W N X W F A D O
      K F A V R C X T S E V L T X
    W F W G N V R V O D V E X S F W
    G K K M J N Y M C E B M G T O Z
  K I B D F X E S U S T F K B Z P L P
  O J G W N S E T S F C F I T O Q P Y
  N Q X F K P B A U V I Z D T K U D W
  P V X I J Y L L W R N L X G D N M T
    X X I D G D Q E U O S G N C M L
    R H P W C I W I G N T L D L D U
      X G M Q G A G W Q B S Q Z A
        U R X E N I R U G I F Q
          A X K B M X T R N V
          E L P G A L X F T M
              X I A K F W S
              O Y F J A
```

FIGURINE	GLOW	CRYSTAL
GOLD	GLASS	

Egg Decorations Inside Eggs 1

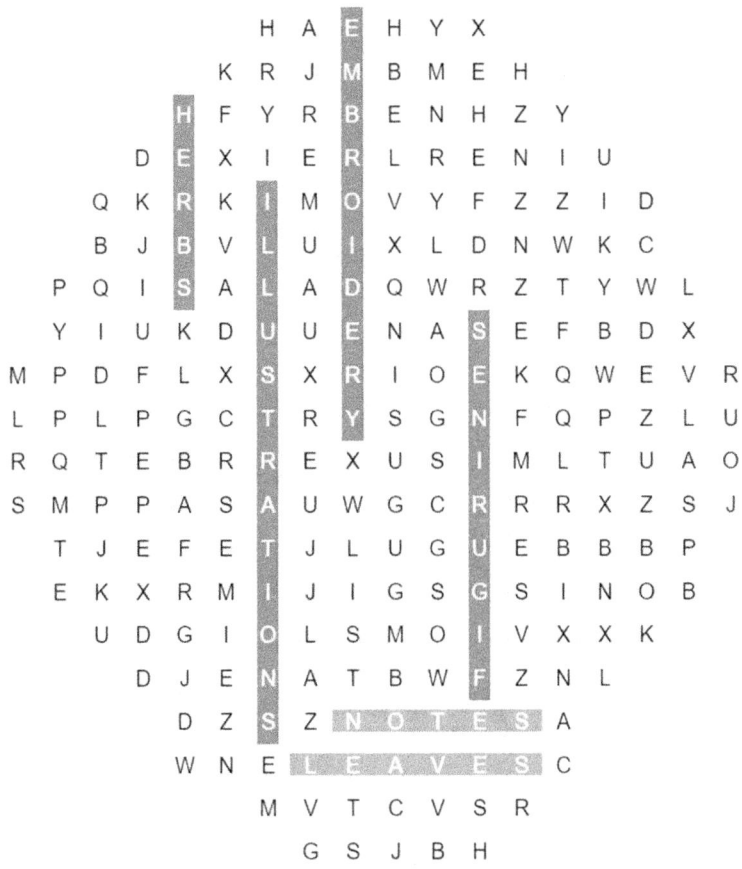

ILLUSTRATIONS HERBS   LEAVES
NOTES   EMBROIDERY FIGURINES

Egg Decorations Inside Eggs 2

SCULPTURES   ORNAMENTS   COLLECTIBLES
FOLIAGE   PEARLS   MODELS

Egg Decorations Inside Eggs 3

TOYANIMALS
TRINKETS

STICKERS
FEATHERS

SILHOUETTES
SEEDS

Egg Decorations Inside Eggs 4

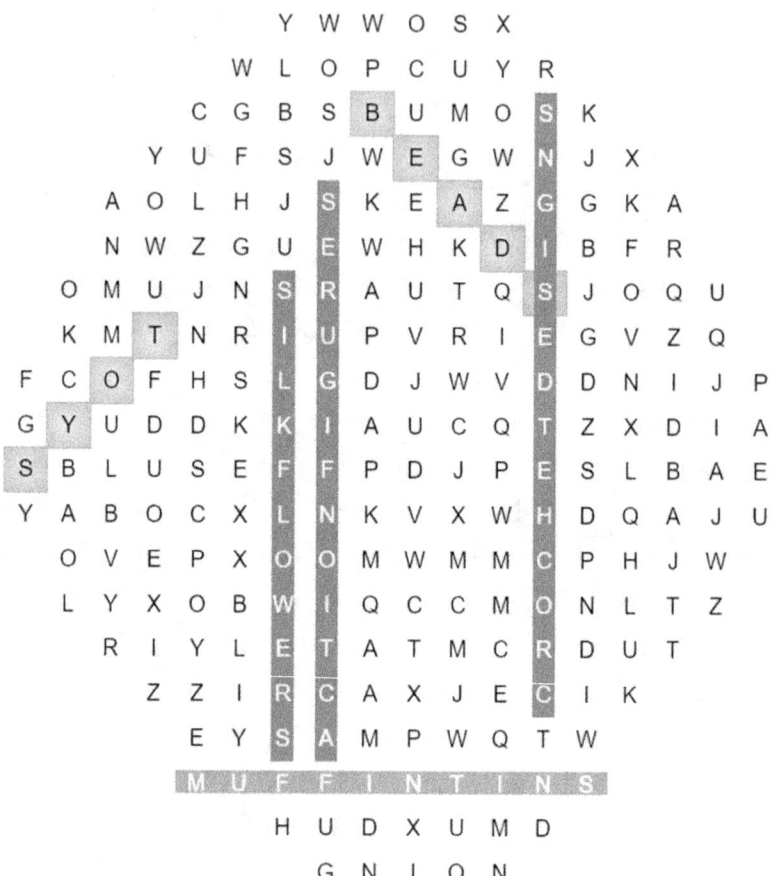

BEADS TOYS CROCHETDESIGNS
ACTIONFIGURES SILKFLOWERS MUFFINTINS

Easter Foods 1

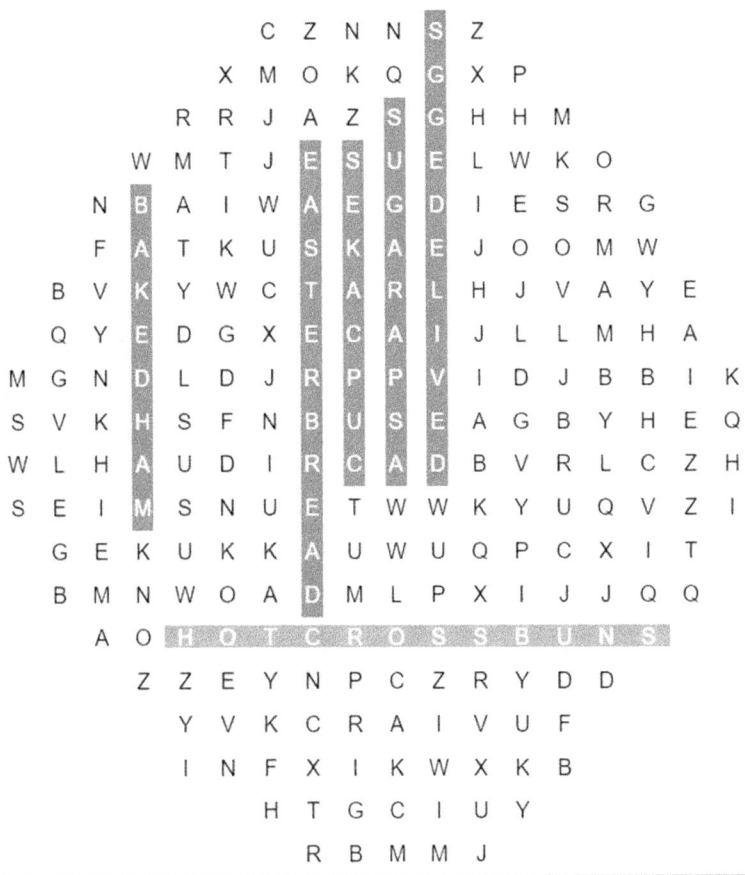

HOTCROSSBUNS DEVILEDEGGS ASPARAGUS
EASTERBREAD BAKEDHAM CUPCAKES

Easter Foods 2

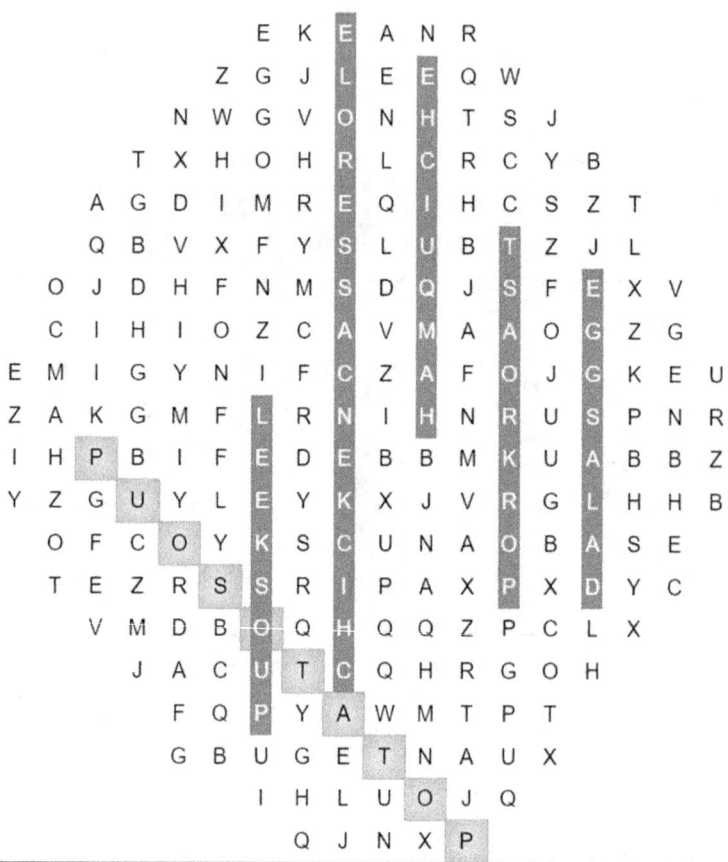

| EGGSALAD | LEEKSOUP | POTATOSOUP |
| HAMQUICHE | PORKROAST | CHICKENCASSEROLE |

Easter Foods 3

```
            S U S G Q L
          B L C E Z C O K
          K A E T S A N U T G
        U Y H E M C V E N N N L
        N U X P F T F H T C T Y Z A
        H Y G X Q Z P U Q J Z C U E
      K B M E N O R T S E N I M C Z Y
        C L A M C H O W D E R Y W Z G T
  H T K F S R E G R U B Y E K R U T E
  Y B R F P O K A J V L I P N O R U C
  P G G V U C A M K Q O O R X U X C K
  B L U E B E R R Y P A N C A K E S M
    R X Q P Q J I B K B I L E S X M
  T L W O B D A L A S T I U R F Q
        G I K I T J G W T N I B J F
        Y E M M A D T R Q M O W
          R O P F A U G O K Q
          C H P P Z I M Y C Q
            D X I M R A M
            A U Y Z I
```

| TUNASTEAK | CLAMCHOWDER | BLUEBERRYPANCAKES |
| FRUITSALADBOWL | MINESTRONE | TURKEYBURGERS |

Easter Foods 4

PORKROAST CARROTSALAD LENTILSOUP
FRIEDRICE LASAGNA FRIEDSHRIMP

Easter Foods 5

RICEPILAF   CASSEROLE   STUFFEDHAM
FRUITSALAD   ROASTTURKEY   SPAGHETTI

Easter Foods 6

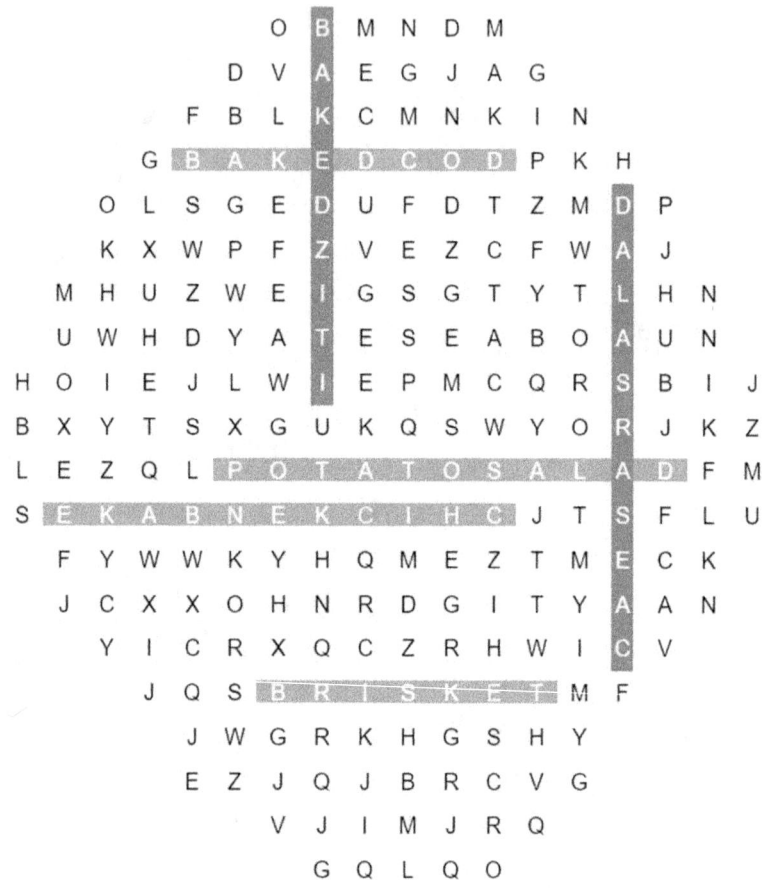

BRISKET POTATOSALAD BAKEDZITI
CHICKENBAKE CAESARSALAD BAKEDCOD

Easter Foods 7

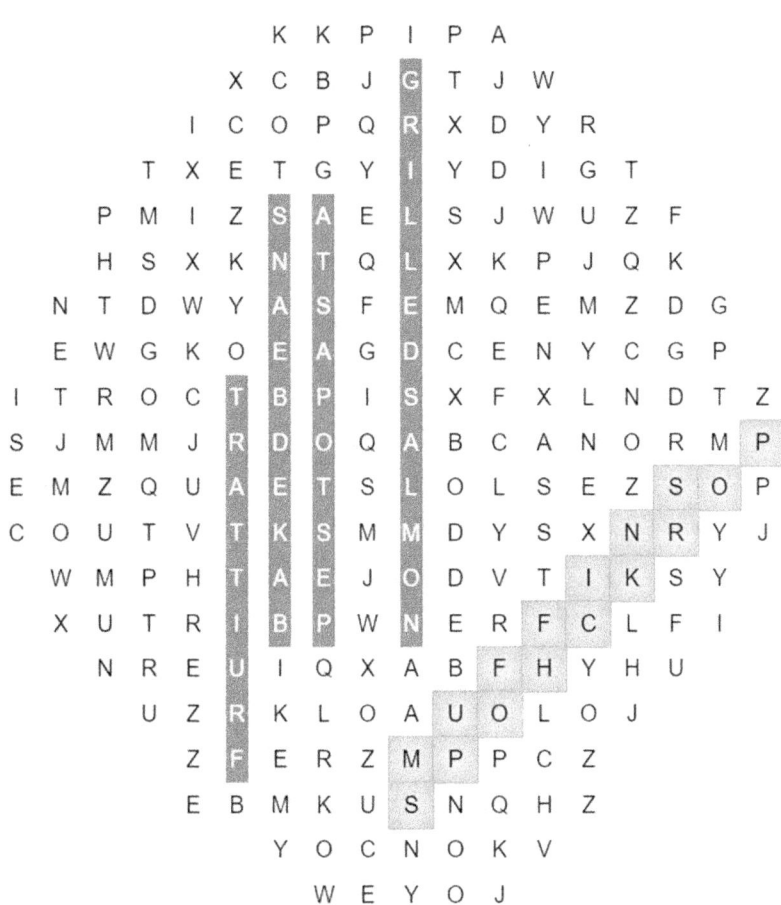

GRILLEDSALMON   PORKCHOPS   MUFFINS
PESTOPASTA   BAKEDBEANS   FRUITTART

Easter Foods 8

PEASOUP FRIEDCHICKEN CHEESESLIDERS
COLESLAW TUNASALAD CHICKENFAJITAS

Easter Foods 9

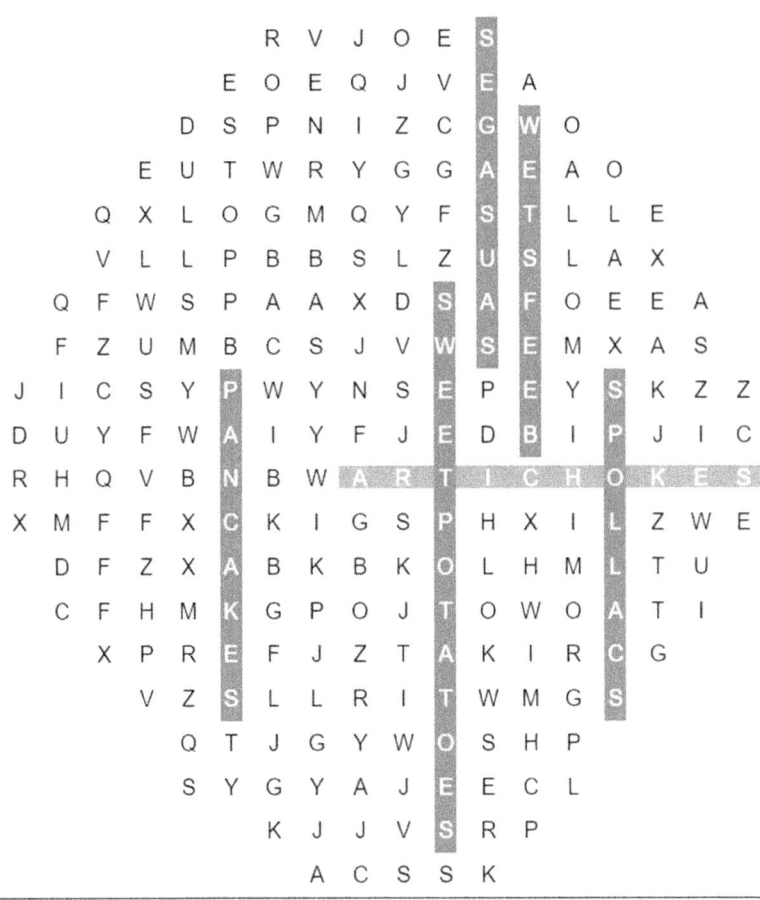

BEEFSTEW SWEETPOTATOES ARTICHOKES
SCALLOPS SAUSAGES PANCAKES

Easter Foods 10

PEASOUP
ONIONSOUP
RICEPUDDING
BASILSOUP
SPRINGSTIRFRY
MACANDCHEESE

Easter History 1

EASTER RESURRECTION CRUCIFIXION
LENT GOODFRIDAY HOLYWEEK
SADDUCEES

Easter History 2

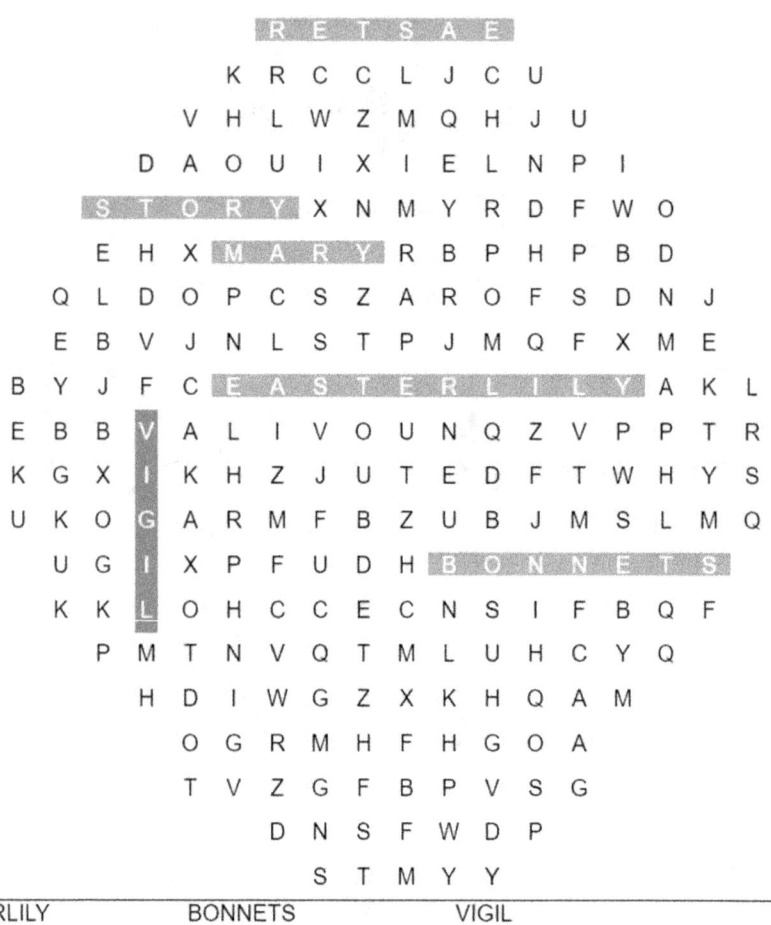

EASTERLILY BONNETS VIGIL
EASTER STORY MARY

Easter History 3

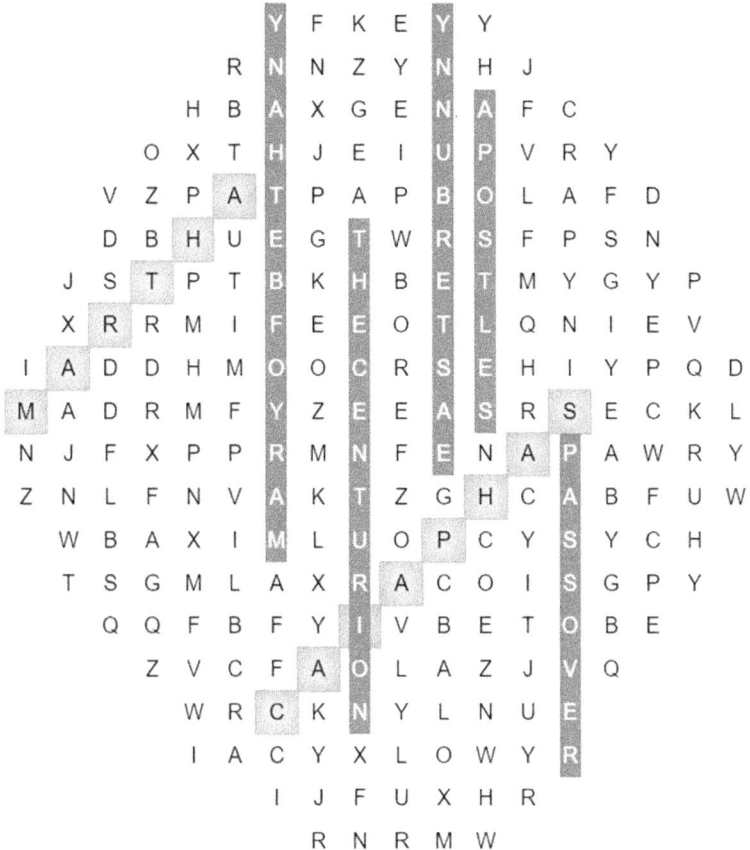

EASTERBUNNY PASSOVER MARTHA
MARYOFBETHANY APOSTLES THECENTURION
CAIAPHAS

Easter History 4

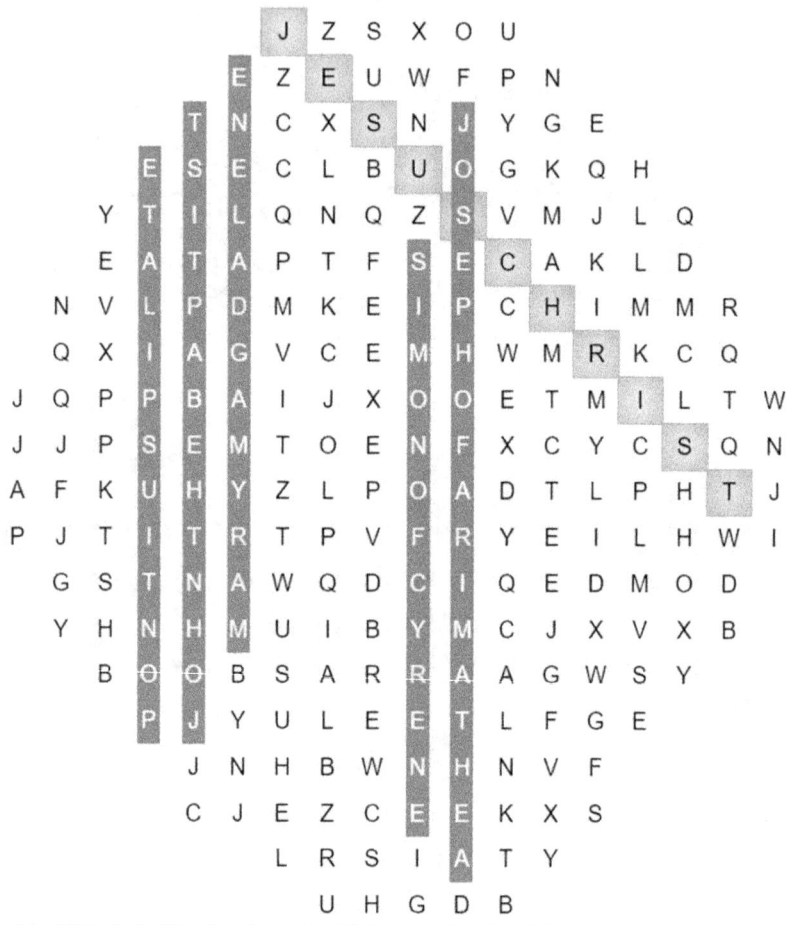

JESUSCHRIST MARYMAGDALENE PONTIUSPILATE
JOSEPHOFARIMATHEA SIMONOFCYRENE JOHNTHEBAPTIST

Easter History 5

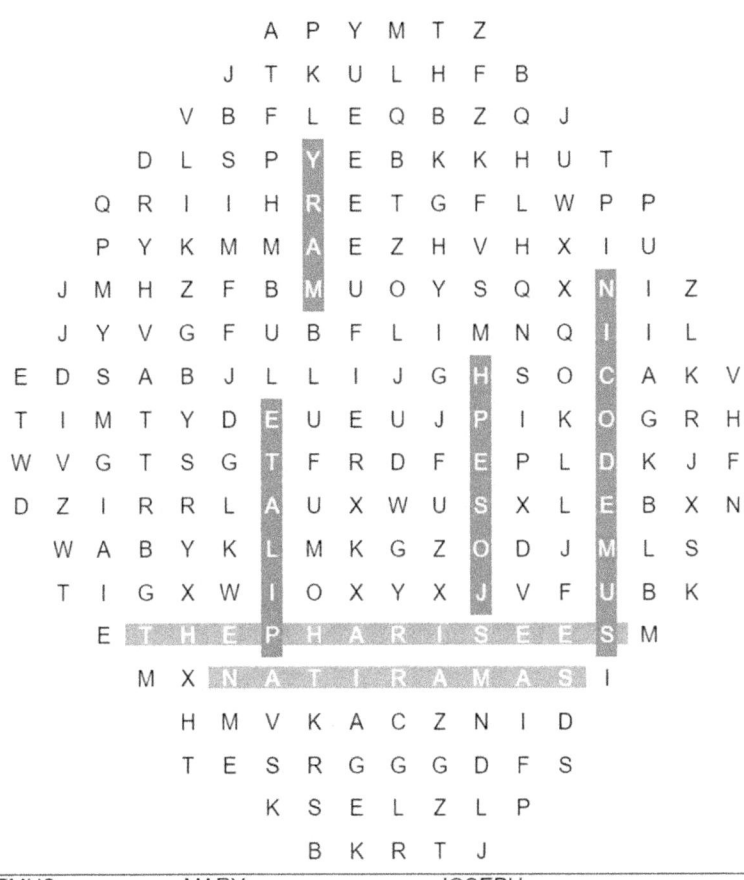

NICODEMUS MARY JOSEPH
SAMARITAN PILATE THEPHARISEES

Easter Bunny Names 1

DOUGLAS	DREW	DEREK
DARREN	DON	HONEY

Easter Bunny Names 2

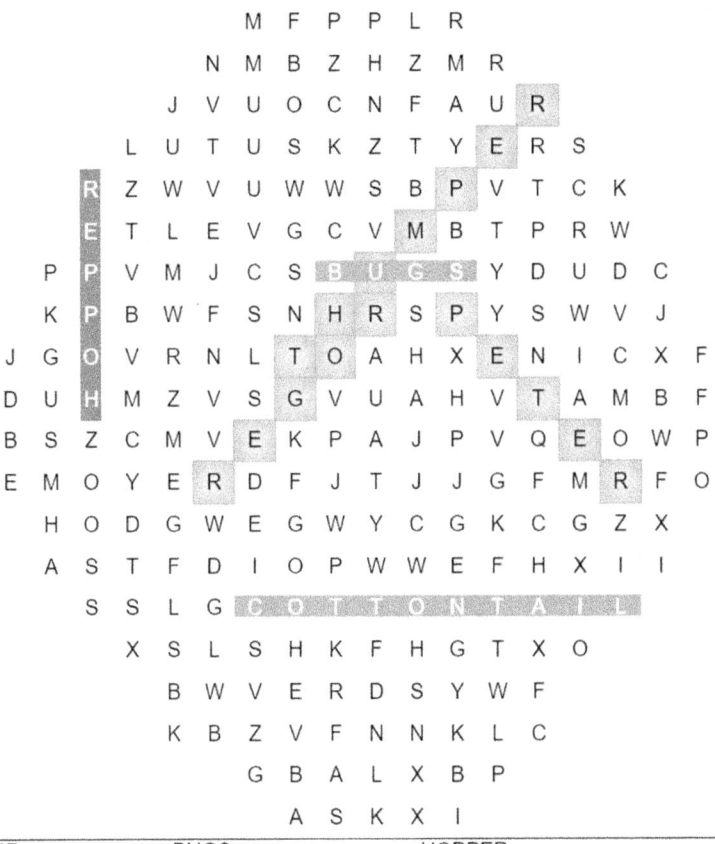

THUMPER   BUGS   HOPPER
COTTONTAIL   PETER   ROGER

Easter Bunny Names 3

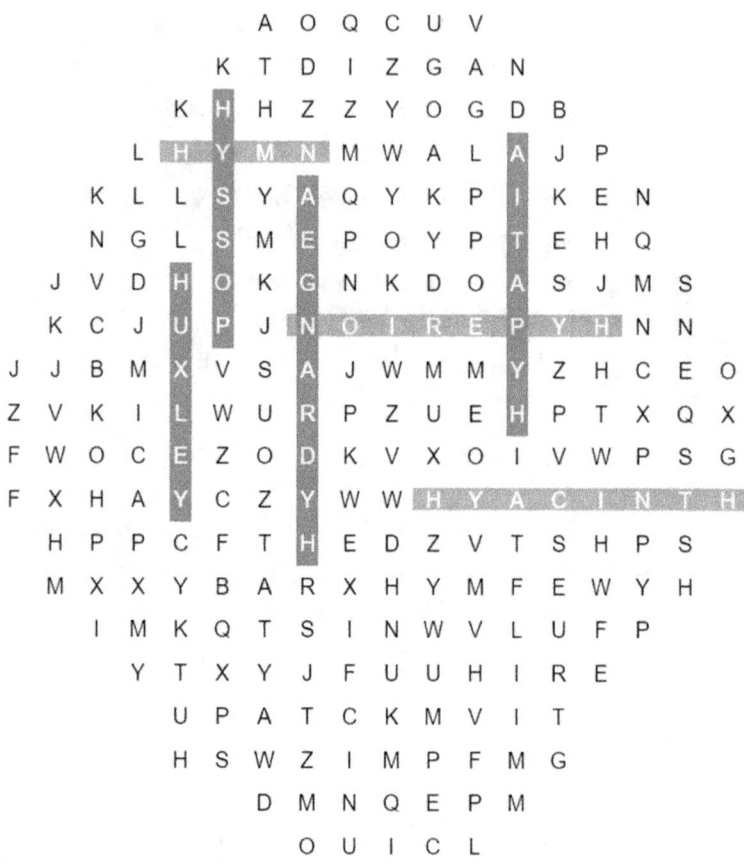

HUXLEY   HYDRANGEA   HYPERION
HYPATIA   HYACINTH   HYMN
HYSSOP

Easter Bunny Names 4

HERBIE HENNA HENRIETTA
HERO   HILLY HILDEGARD

Easter Bunny Names 5

ZIPPY SPARKY SPEEDY
TWINKLE STAR DOODLE

Easter Bunny Names 6

DOODLEBUG   DAZZLE   DAPPER
DABBLE   DILLY   DOLLY

Easter Bunny Names 7

DAZZLER	DANCER	DASH
DIAMOND	DUSTY	DARLING

Easter Bunny Names 8

DAFFODIL DAISY DOLLY
DAPHNE DONNIE DANNY

Easter Bunny Names 9

COTTON	RUSTY	ZIGGY
DANDY	DAVE	DAN

Easter Bunny Names 10

DAMIAN   DORIAN   DYLAN
DUSTIN   DUKE   HAZEL

Easter Celebrations 1

EASTERPARADE   EASTERCAROL   CHARITY
VOLUNTEER   EASTERRUN

Easter Celebrations 2

BAKETREATS EASTERMOVIE PICNIC
PETPARADE EASTERWREATH

Easter Celebrations 3

| DINNER | EASTERBASKET | COSTUME |
| DECORATION | EASTERFLOWER | |

Easter Celebrations 4

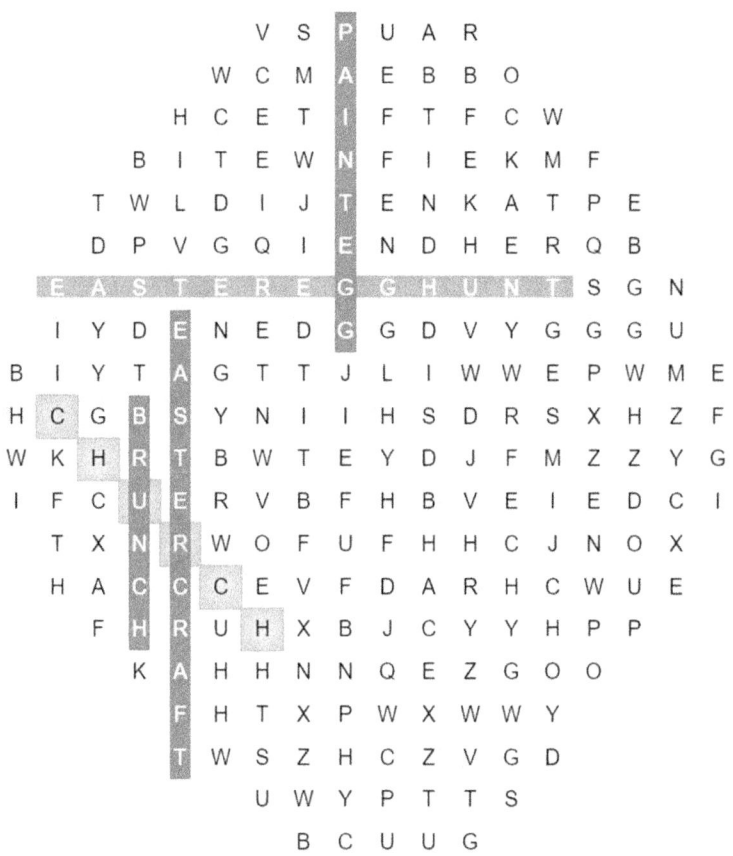

CHURCH PAINTEGG EASTEREGGHUNT
EASTERCRAFT BRUNCH

Easter Celebrations 5

HIDEANDSEEK **EGGSCAVENGERHUNT** **EASTERBINGO**
RUNAWAYEGG **BUNNYHOP**

Easter Movies 1

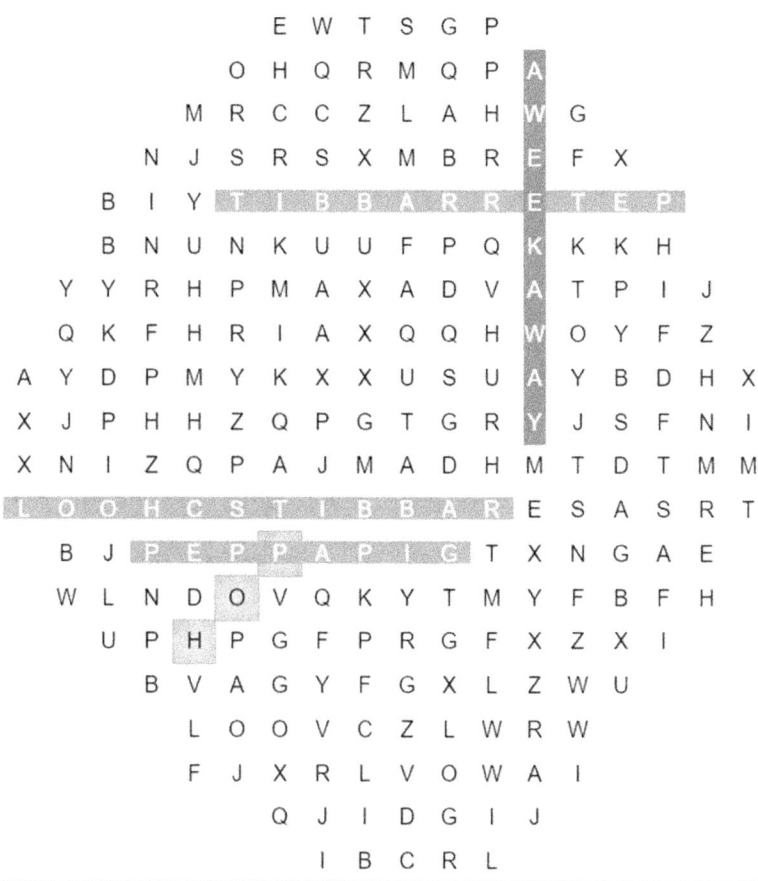

PETERRABBIT PEPPAPIG RABBITSCHOOL
AWEEKAWAY HOP

Easter Movies 2

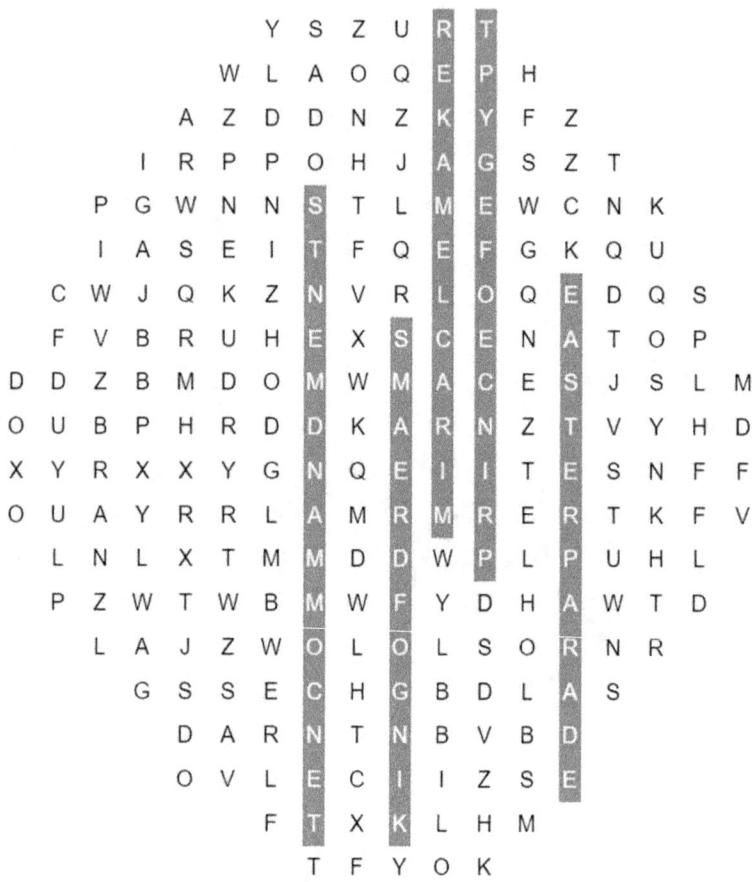

PRINCEOFEGYPT KINGOFDREAMS TENCOMMANDMENTS
MIRACLEMAKER EASTERPARADE

Easter Movies 3

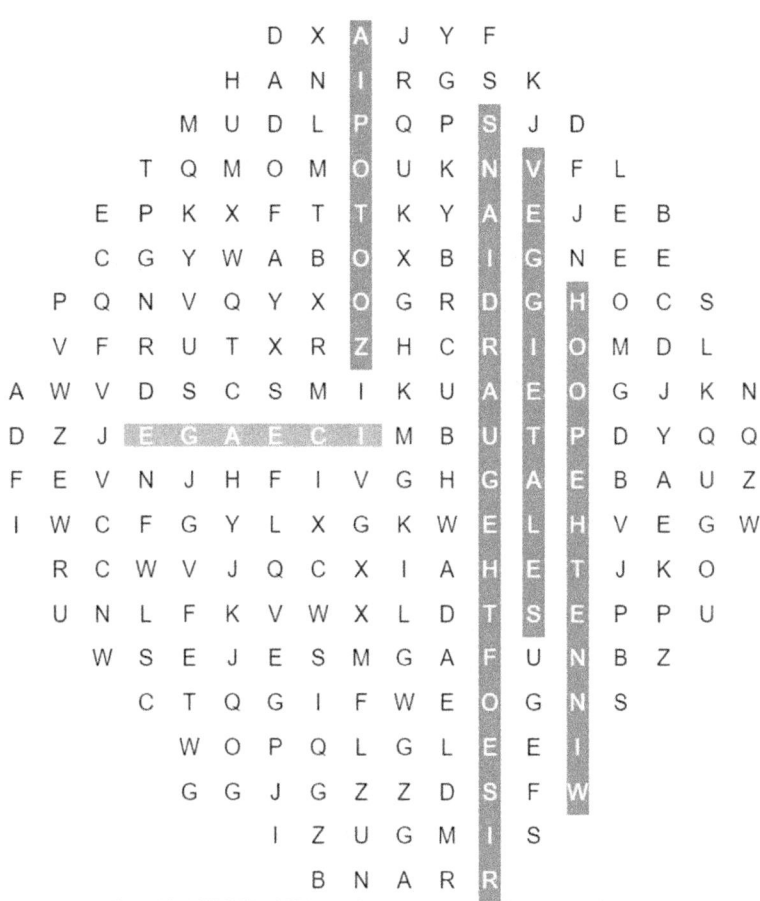

VEGGIETALES ZOOTOPIA RISEOFTHEGUARDIANS
WINNETHEPOOH ICEAGE

Easter Movies 4

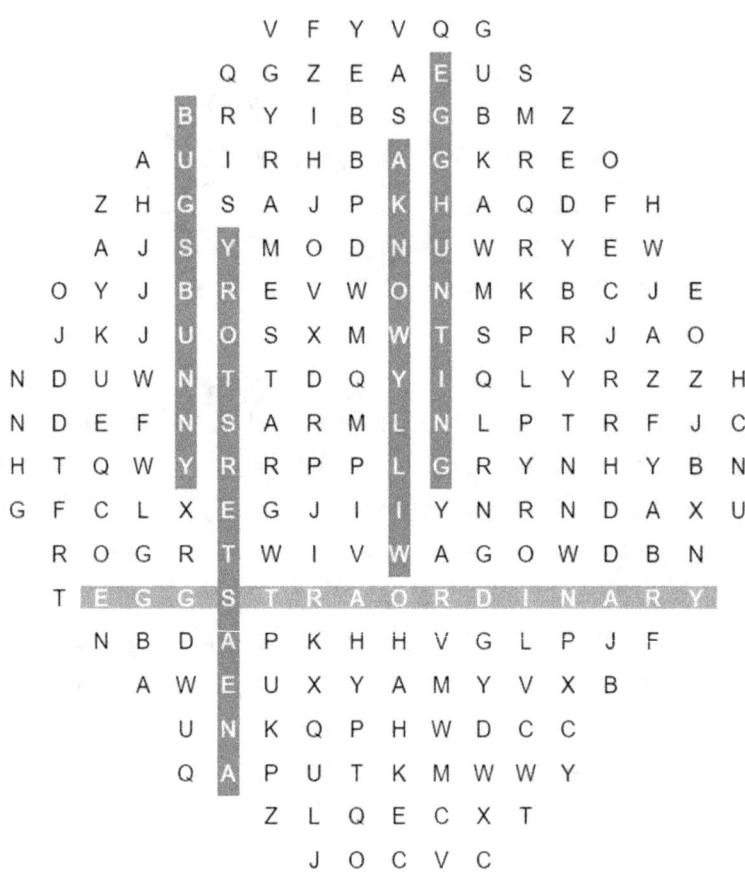

EGGHUNTING BUGSBUNNY ANEASTERSTORY
EGGSTRAORDINARY WILLYWONKA

Easter Movies 5

THESTAR CHARLIEBROWN SONOFGOD
BENHUR JONAH

Easter Baskets Stuffings 1

CHOCOLATE JELLYBEANS MARSHMALLOWPEEPS
NECKLACES CANDLE

Easter Baskets Stuffings 2

FRAMES GRASS NOTEPAD
WALLART SOAP LOTION

Easter Baskets Stuffings 3

OVENMITTS STICKERS CANDY
BANNERS TABLECLOTH NAPKINS

Easter Baskets Stuffings 4

BUBBLEWAND PENCILS PENS
STICKERS BOOKS KITCHENTOWELS

Easter Baskets Stuffings 5

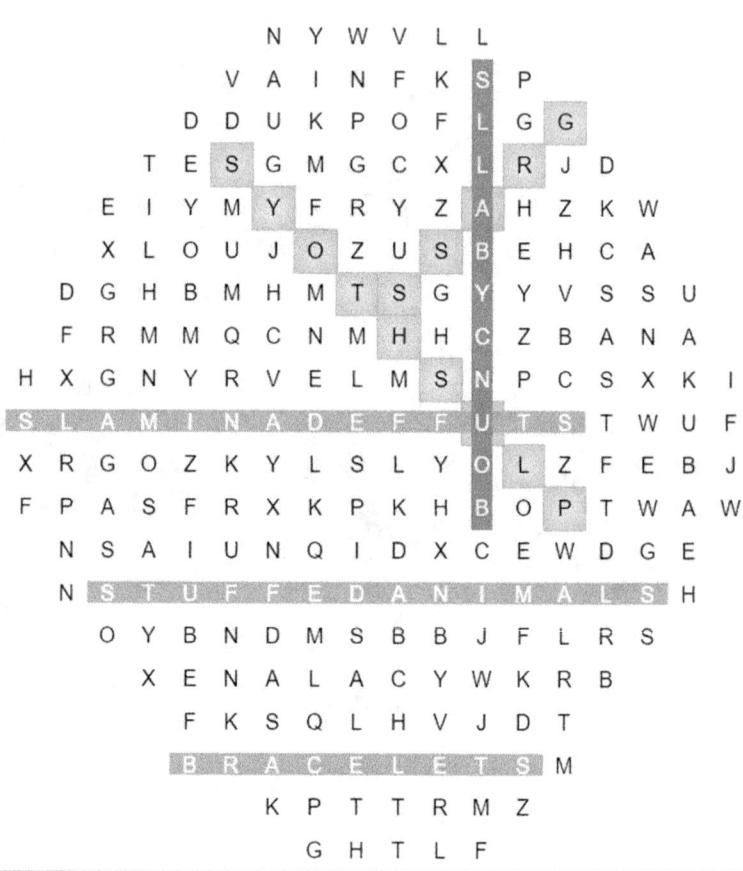

GRASS
PLUSHTOYS
STUFFEDANIMALS
STUFFEDANIMALS
BOUNCYBALLS
BRACELETS

Easter Basket Stuffings 6

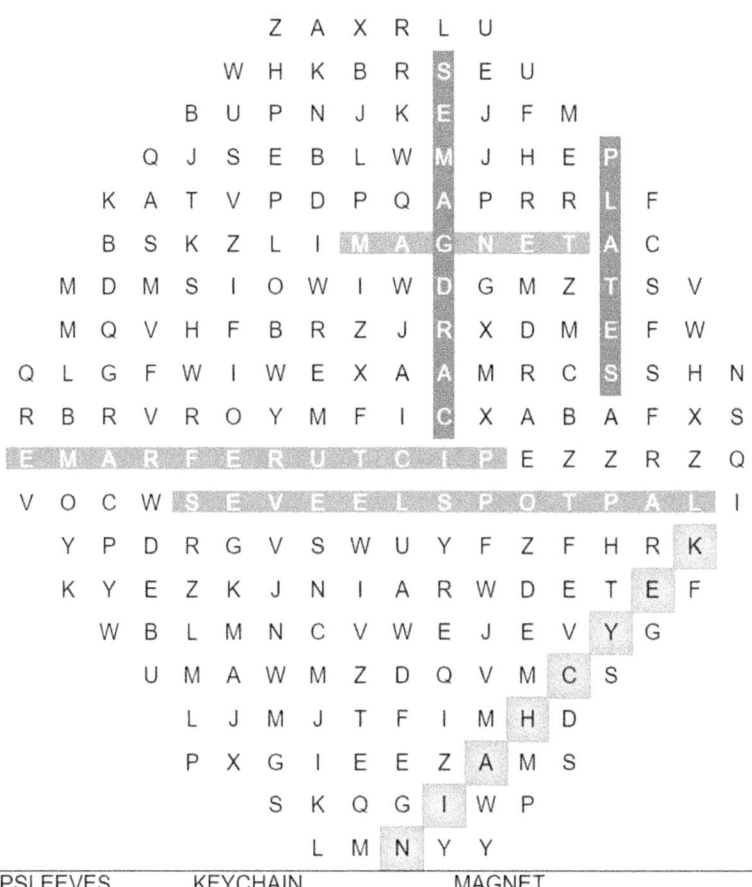

LAPTOPSLEEVES KEYCHAIN MAGNET
PICTUREFRAME CARDGAMES PLATES

Easter Basket Stuffings 7

BALLOONS MUGS CRACKER
COASTER SOCKS PLACEMATS

Easter Basket Stuffings 8

FRISBEE   BEACHBALLS   KITES
LAWNDARTS   CELLPHONECASE

Easter Songs 1

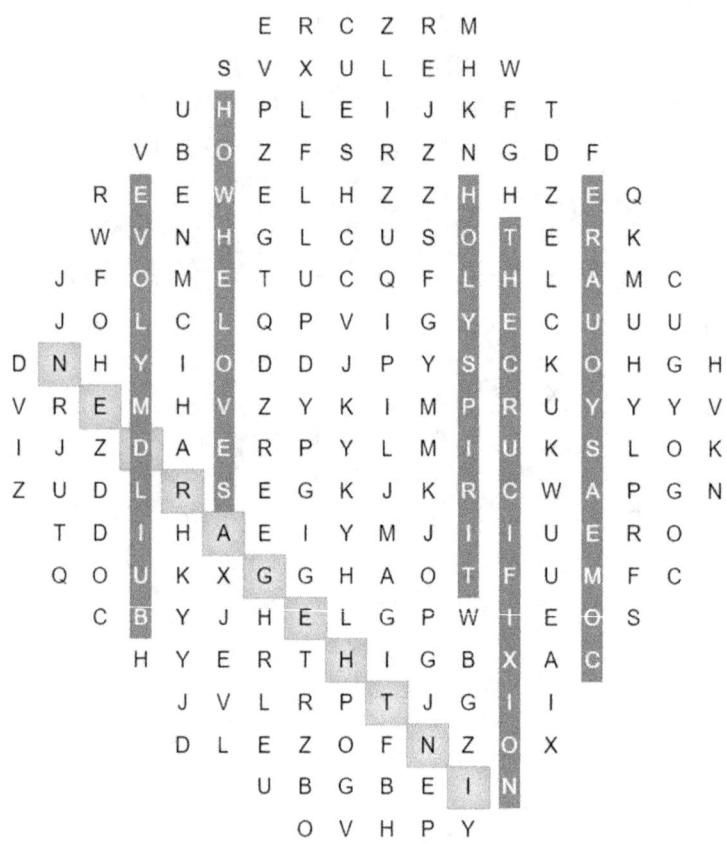

BUILDMYLOVE   COMEASYOUARE   THECRUCIFIXION
HOWHELOVES   HOLYSPIRIT   INTHEGARDEN

Easter Songs 2

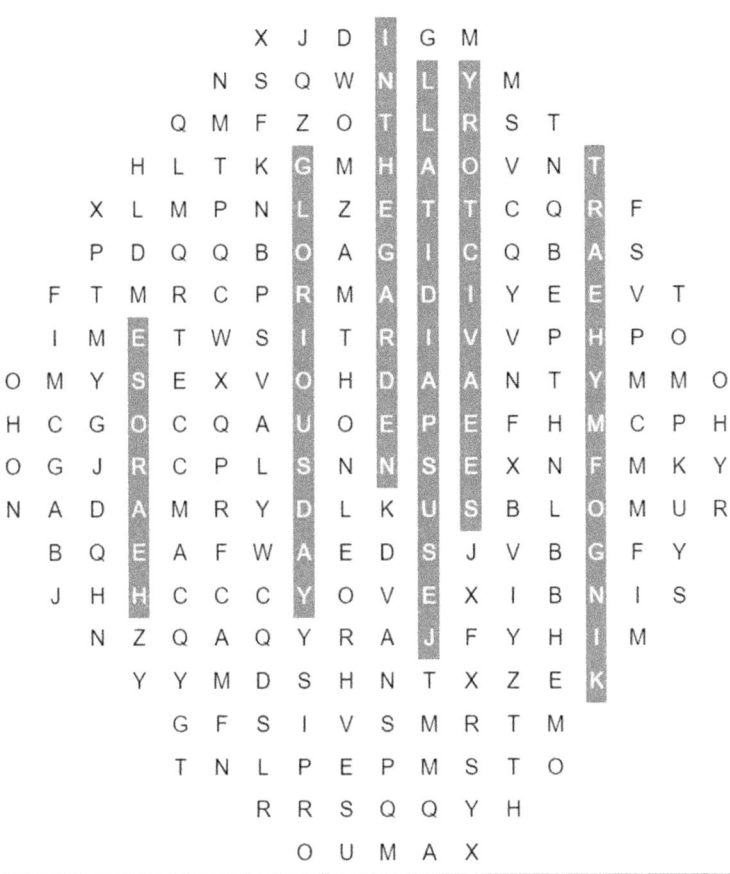

HEAROSE   SEEAVICTORY   GLORIOUSDAY
KINGOFMYHEART INTHEGARDEN   JESUSPAIDITALL

Easter Songs 3

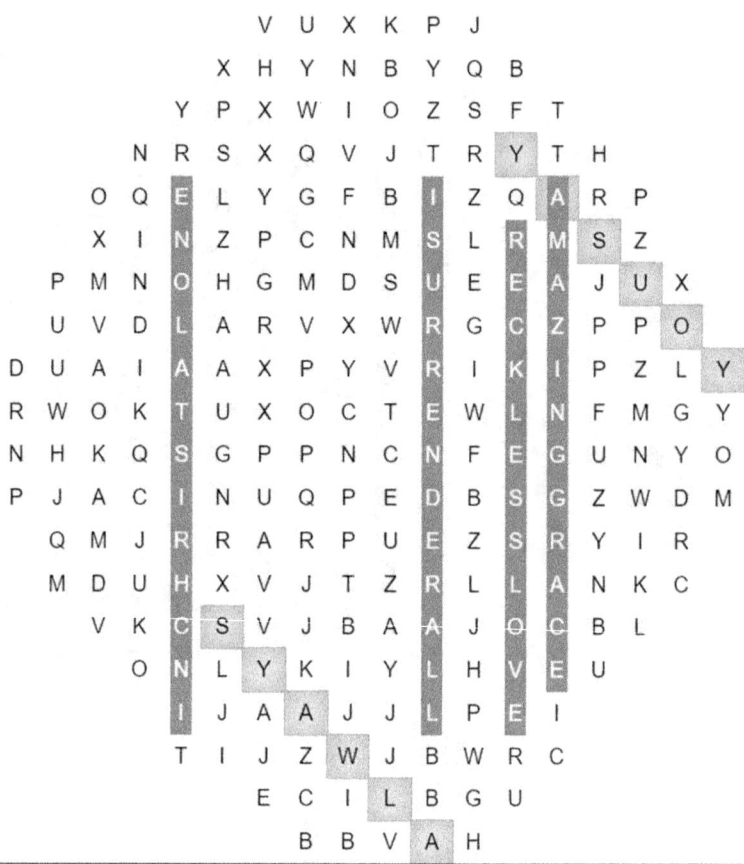

INCHRISTALONE AMAZINGGRACE ISURRENDERALL
YOUSAY ALWAYS RECKLESSLOVE

Easter Songs 4

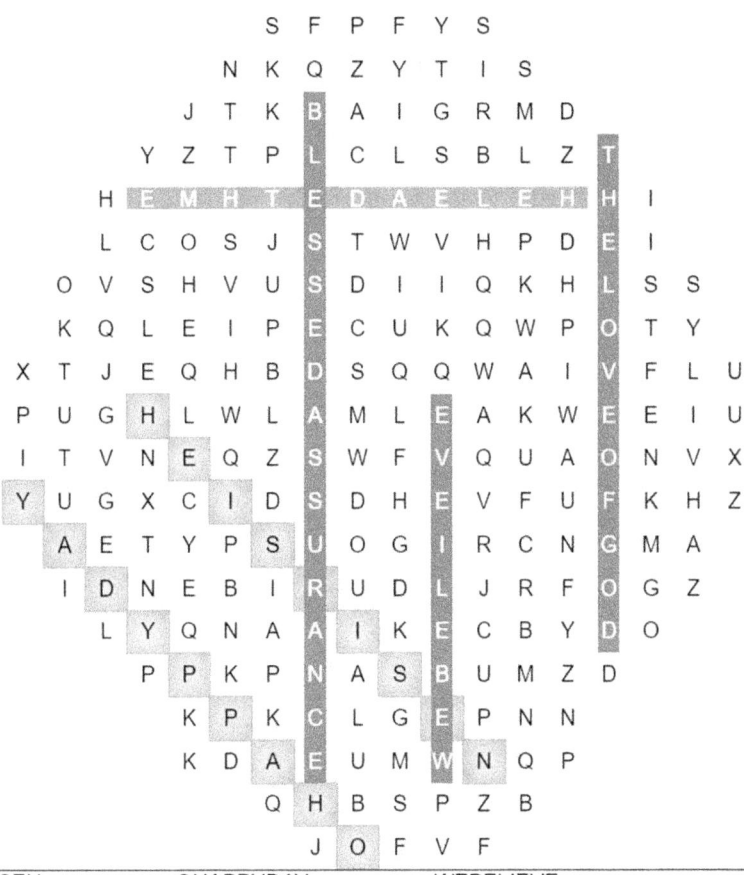

HEISRISEN
HELEADETHME
OHAPPYDAY
THELOVEOFGOD
WEBELIEVE
BLESSEDASSURANCE

Easter Songs 5

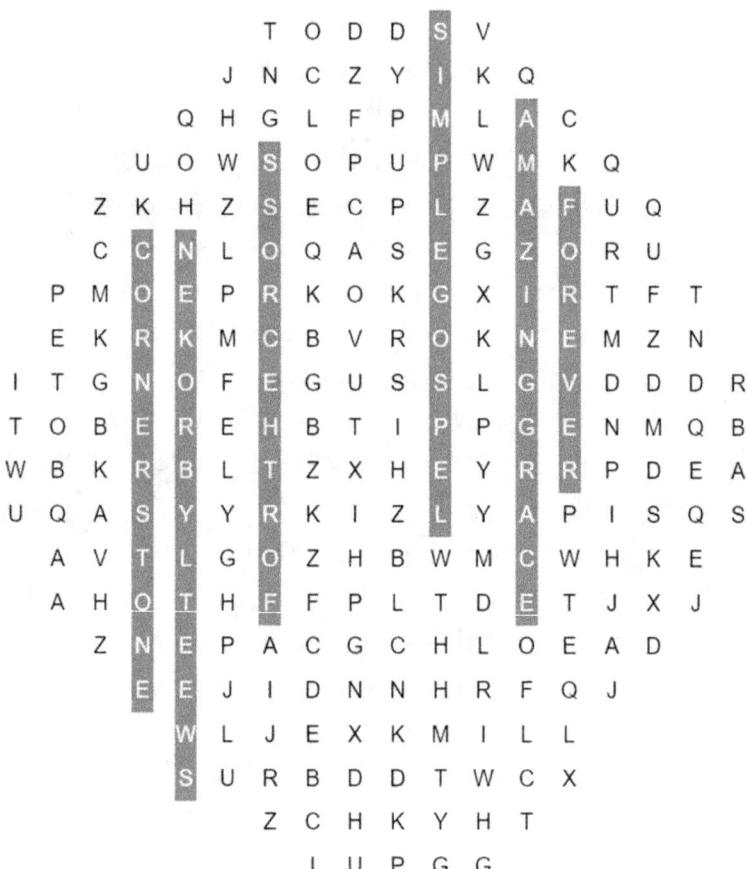

SIMPLEGOSPEL FOREVER FORTHECROSS
SWEETLYBROKEN CORNERSTONE AMAZINGGRACE

Easter Parade Items and Events 1

BASKETS
CONCERT
DECORATION
CHEERLEADER
MARCHINGBAND
SERMON

Easter Parade Items and Events 2

HYMNS CONVERTIBLE HORSES
HOTAIRBALLOONS BUNNYCOSTUME BIKES

Easter Parade Items and Events 3

Caricaturists

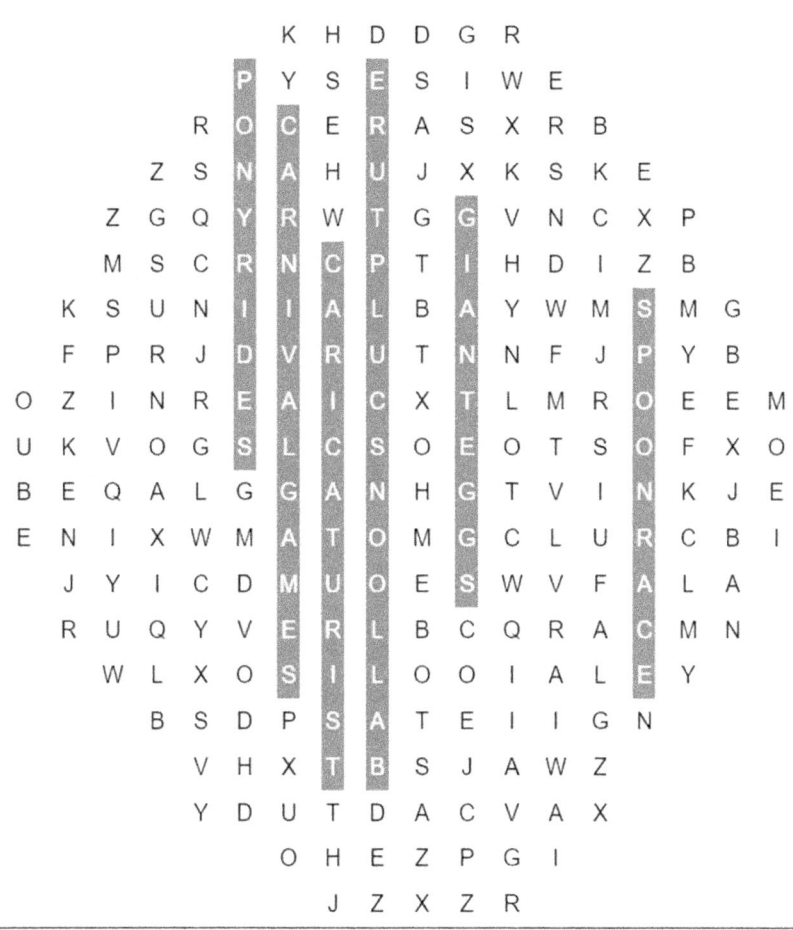

BALLOONSCULPTURE GIANTEGGS PONYRIDES
CARNIVALGAMES SPOONRACE CARICATURIST

Easter Parade Items and Events 4

ARTANDCRAFT MIME JUGGLERS
DANCES BUGSBUNNY VINTAGECARS

Easter Parade Items and Events 5

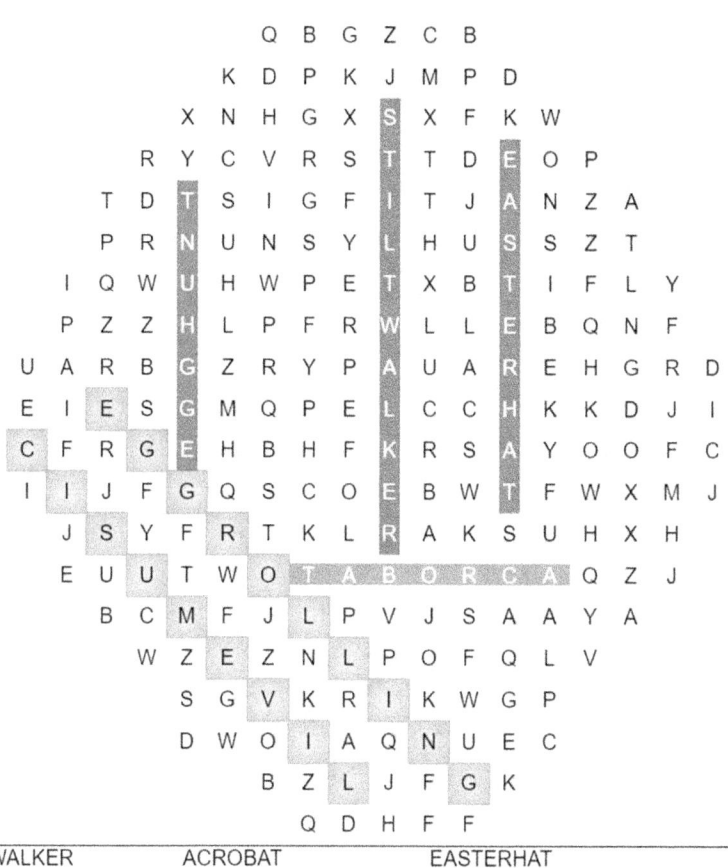

STILTWALKER   ACROBAT   EASTERHAT
LIVEMUSIC   EGGHUNT   EGGROLLING

Easter Parade Items and Events 6

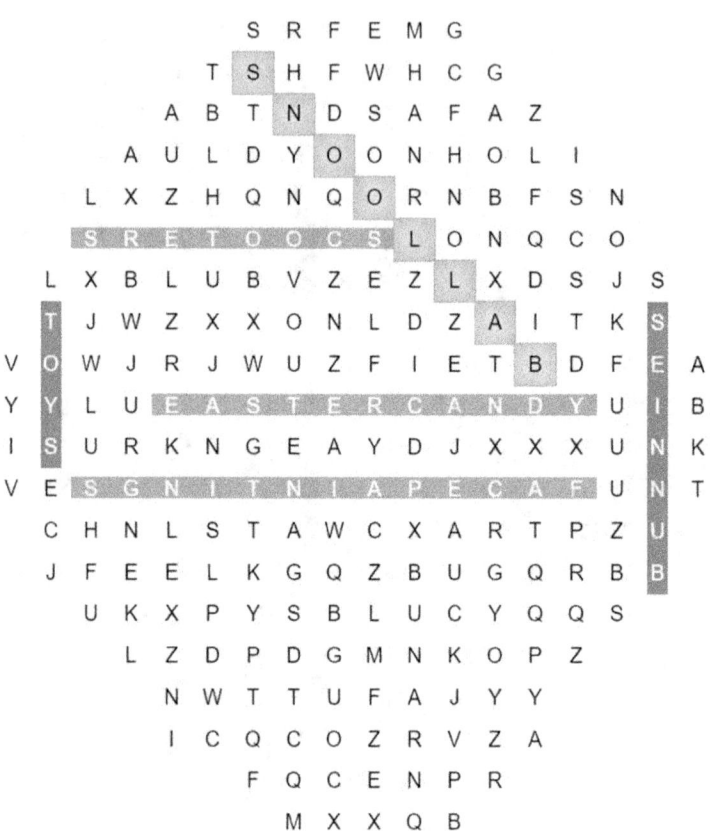

SCOOTERS FACEPAINTINGS BALLOONS
BUNNIES   TOYS   EASTERCANDY

Easter Parade Items and Events 7

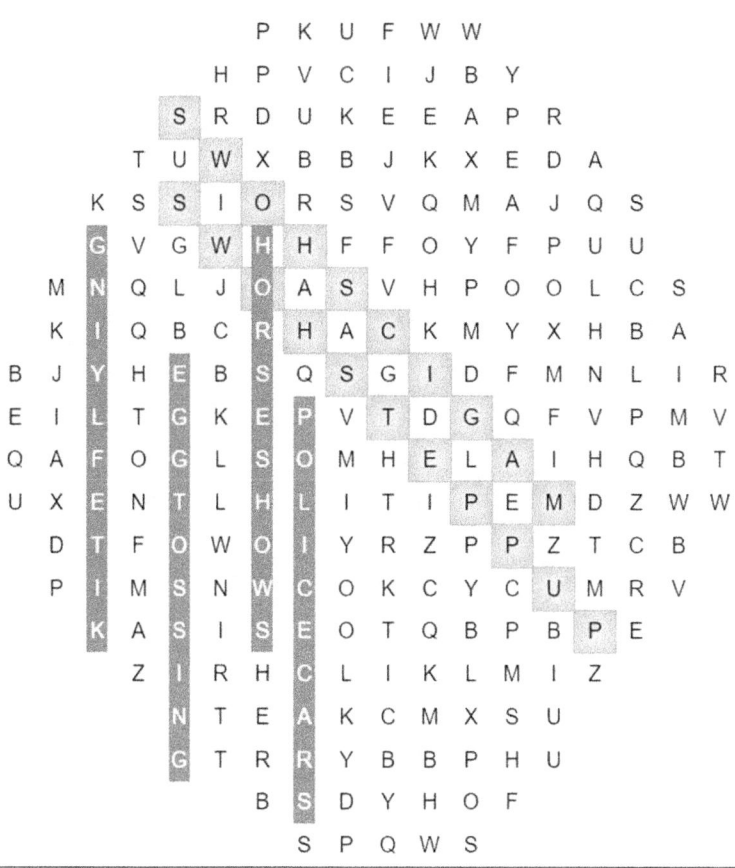

HORSESHOWS POLICECARS MAGICSHOWS
PUPPETSHOWS EGGTOSSING KITEFLYING

Lent 1

FASTING MINIMALISM REFLECTION
SPIRITUALITY CONFESSION RECONCILIATION

Lent 2

```
            N K C K H W
          G D Q R Y U H Q
          H T W O R G N H H M
        D Y R G B C M E Q X F G
        Y T I L A R O M E B T Y I M
        X W Z T G F A E L C B L S G
      K I Y Z T D P I L G R I M A G E
      L F V V E P M M Z G X W V V L R
    F G F K T E I L O L C H D B G Y I F
    Q Z N O I T A M R O F S N A R T O P
    C R R M B V Z J L D F L C N K W D
    I D C K U X F O Y H U V K F C B O Z
    C O M M U N I T Y S E R V I C E
      N P O B T E D U T I T A R G G O
        U T E K N Q V G F C V L R Y
        L C V O H A H I X O W D
          V N Y V C U C H Z Q
          S Y T K U H F D C Z
            E I W W C Q J
            T V A G U
```

GRATITUDE   PILGRIMAGE   MORALITY
GROWTH   TRANSFORMATION   COMMUNITYSERVICE

Lent 3

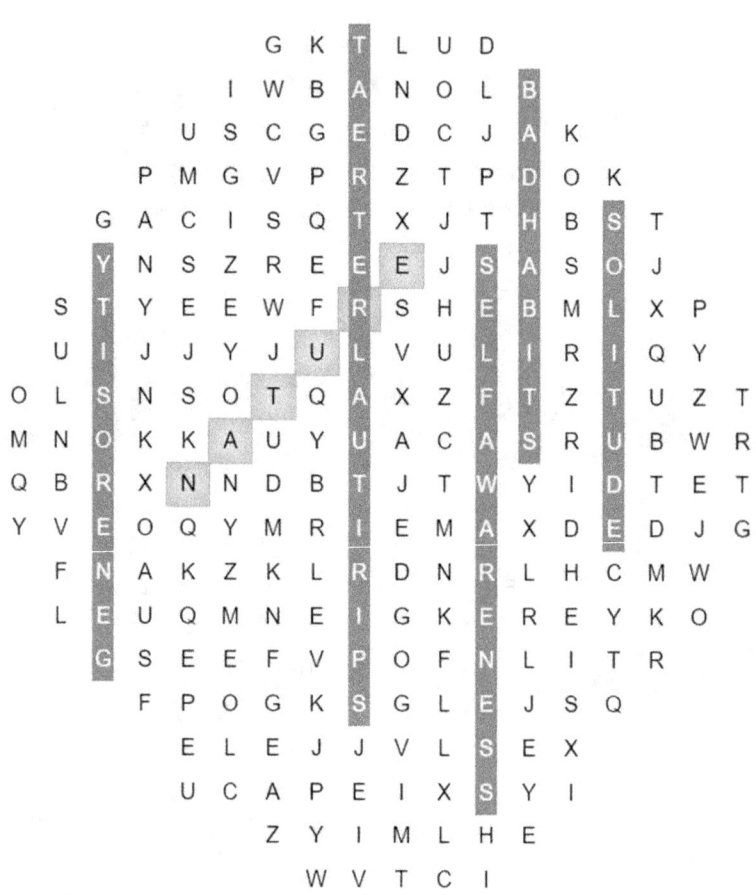

SELFAWARENESS BADHABITS SPIRITUALRETREAT
NATURE SOLITUDE GENEROSITY

Lent 4

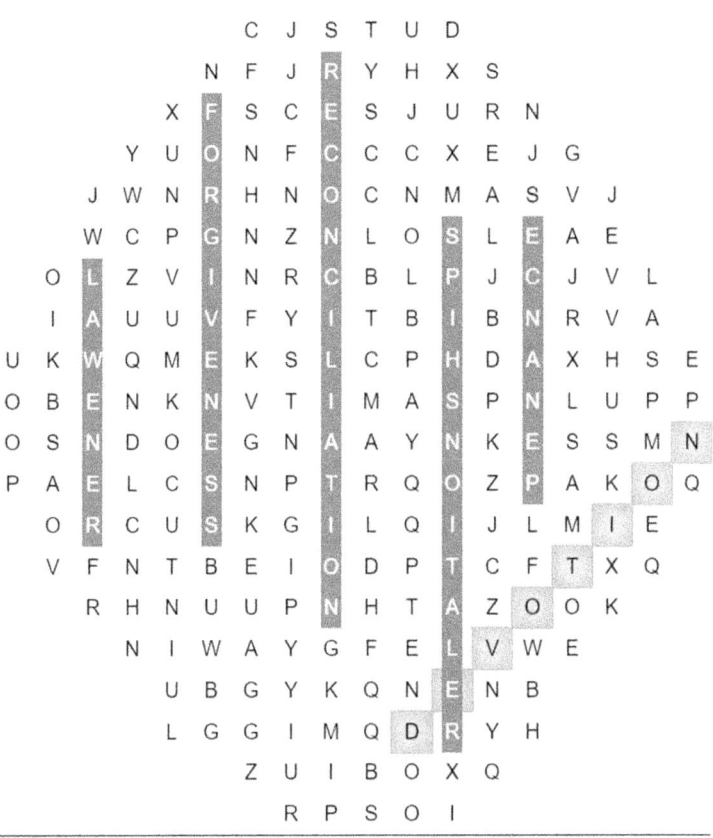

FORGIVENESS DEVOTION PENANCE
RENEWAL RECONCILIATION RELATIONSHIPS

Lent 5

VOLUNTEERING   CHARITY   READING
MEDITATION   SELFDISCIPLINE SELFCONTROL

Easter Candy 1

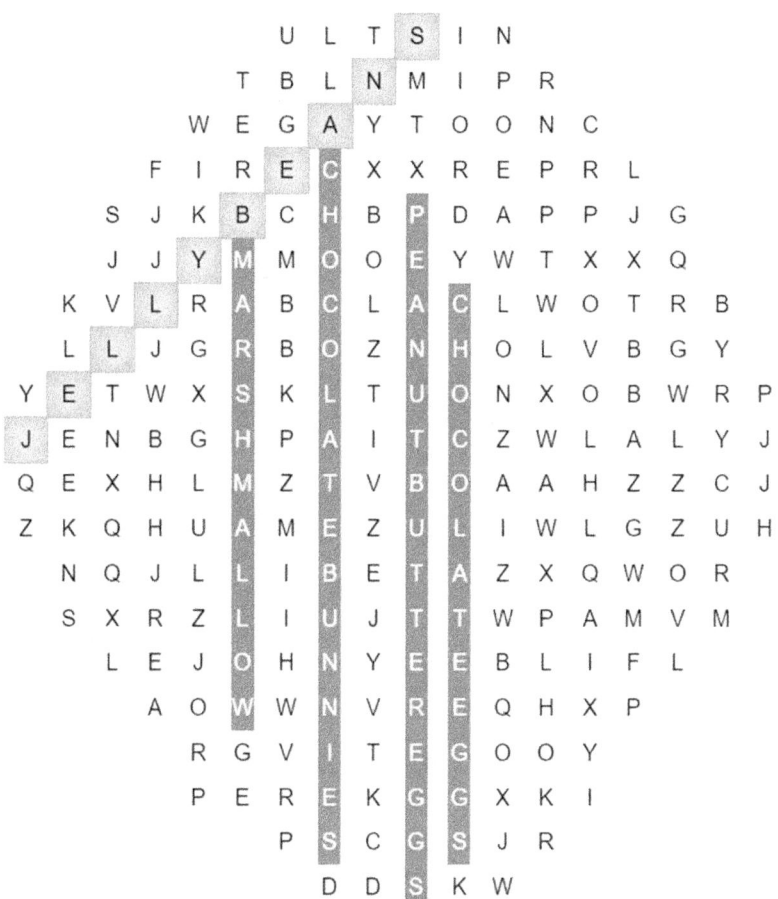

CHOCOLATEEGGS   PEANUTBUTTEREGGS   MARSHMALLOW
JELLYBEANS   CHOCOLATEBUNNIES

Easter Candy 2

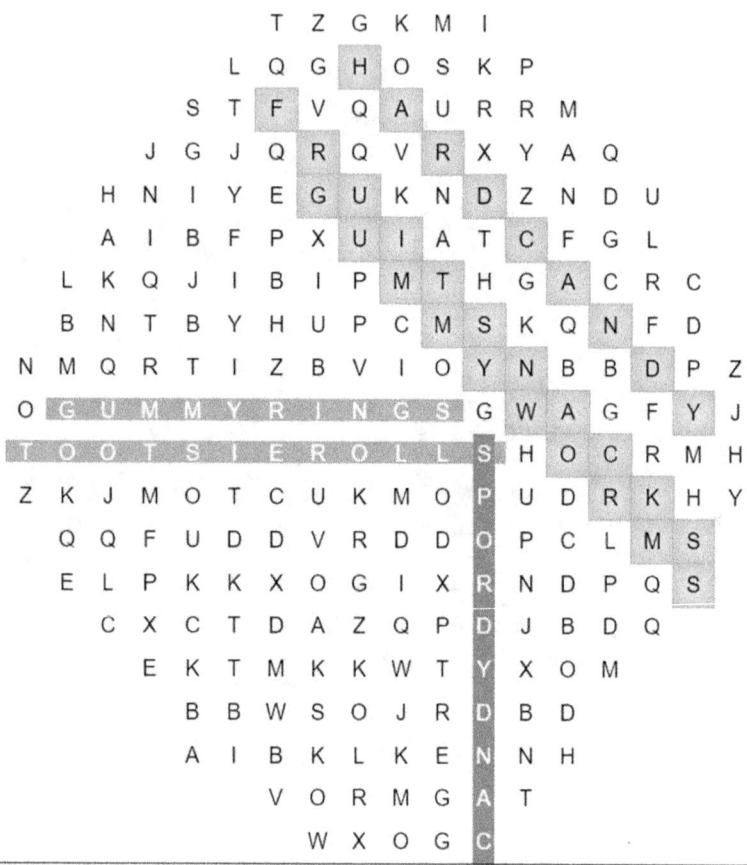

TOOTSIEROLLS   HARDCANDY   CANDYDROPS
GUMMYWORMS   GUMMYRINGS   FRUITSNACKS

Easter Candy 3

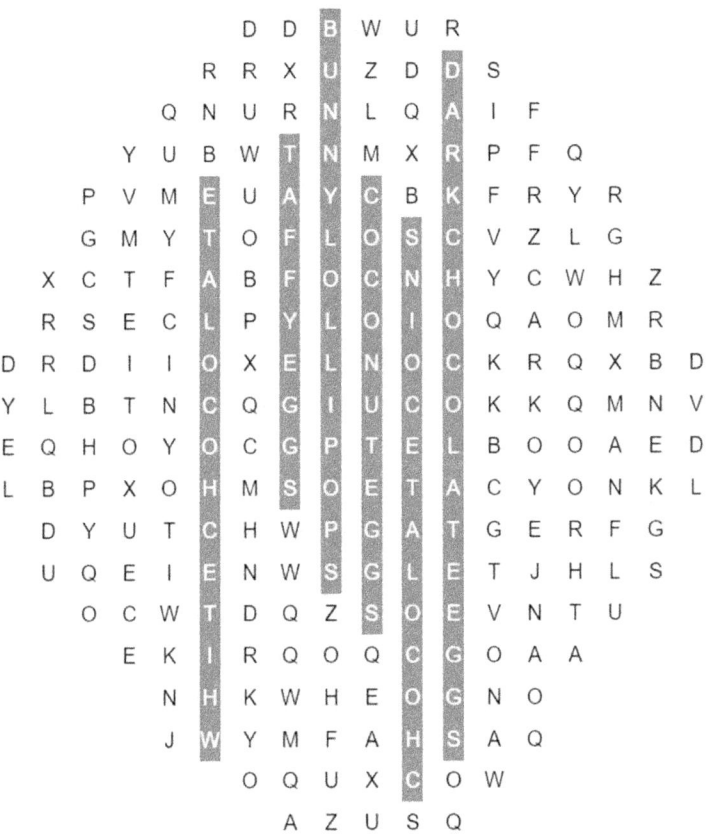

TAFFYEGGS COCONUTEGGS DARKCHOCOLATEEGGS
BUNNYLOLLIPOPS WHITECHOCOLATE CHOCOLATECOINS

Easter Candy 4

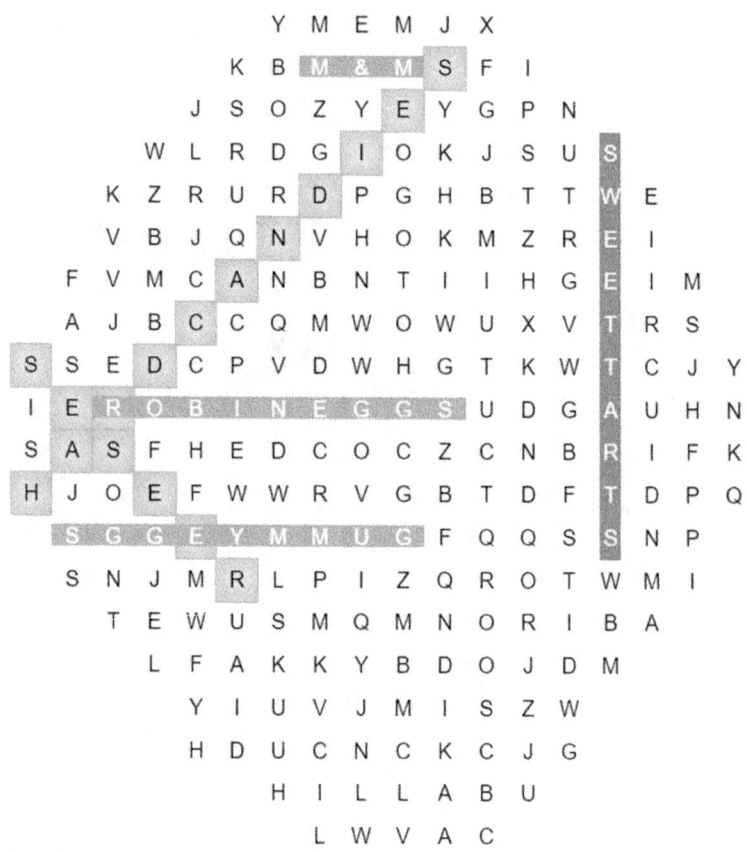

REESES
ROBINEGGS

M&M
SWEETTARTS

GUMMYEGGS
HARDCANDIES

Easter Candy 5

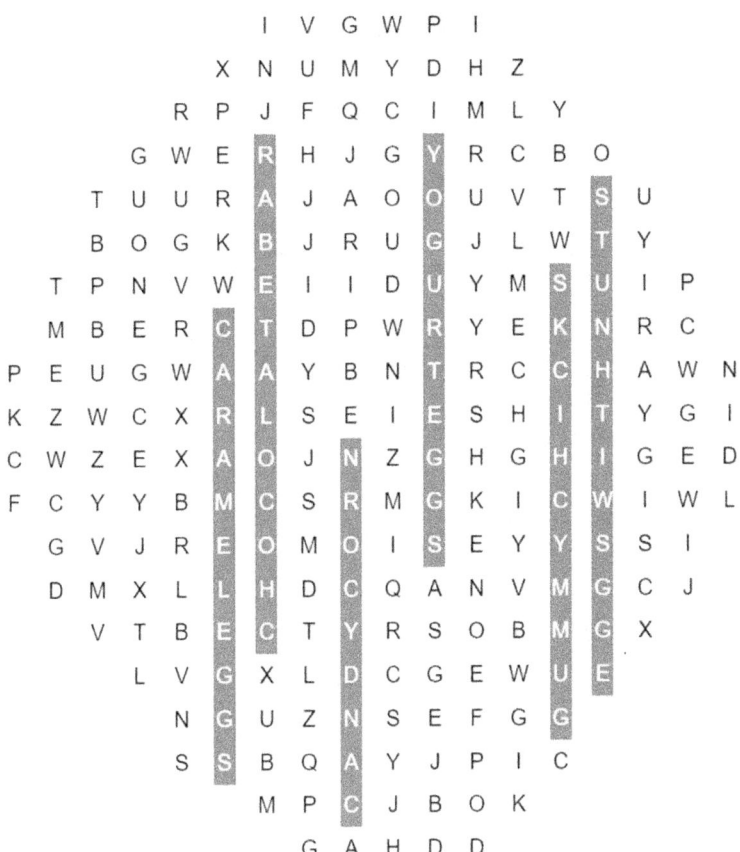

CARAMELEGGS   CHOCOLATEBAR   CANDYCORN
EGGSWITHNUTS YOGURTEGGS   GUMMYCHICKS

Easter Candy 6

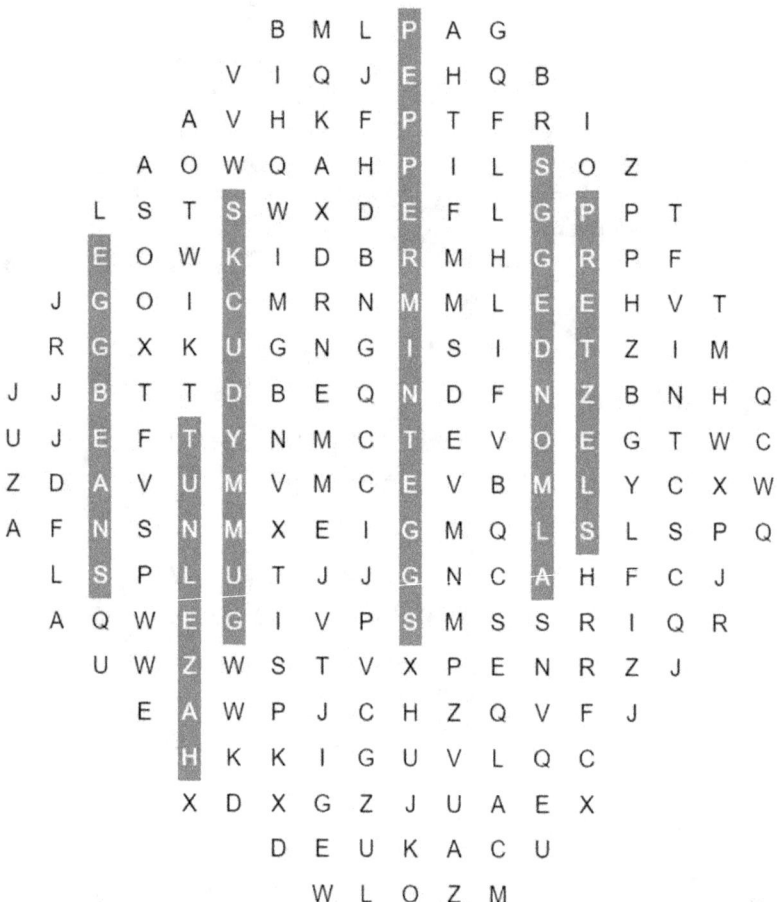

GUMMYDUCKS EGGBEANS PRETZELS
HAZELNUT ALMONDEGGS PEPPERMINTEGGS

Easter Candy 5

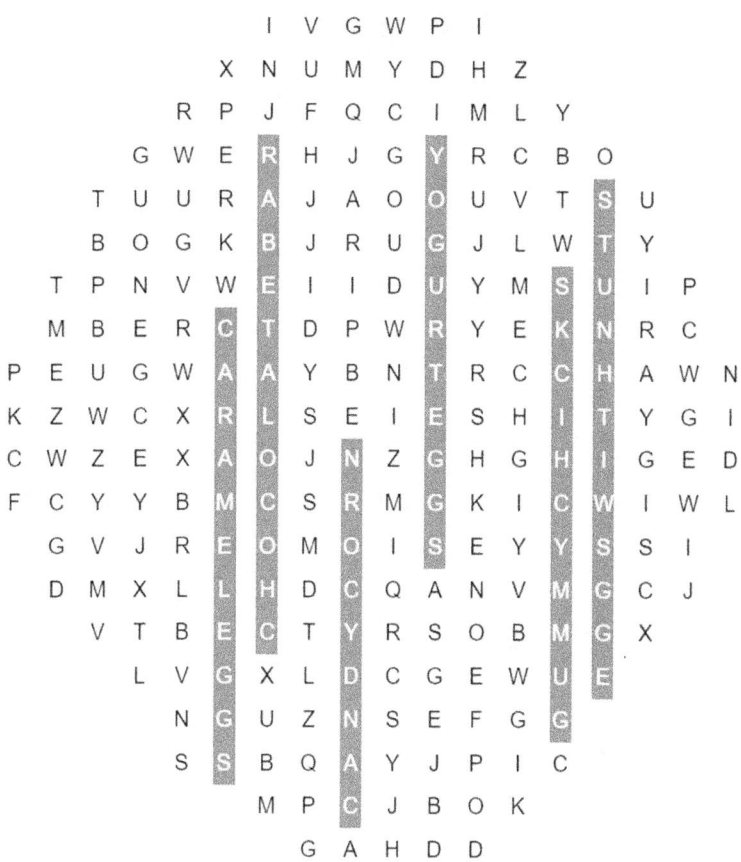

CARAMELEGGS   CHOCOLATEBAR   CANDYCORN
EGGSWITHNUTS   YOGURTEGGS   GUMMYCHICKS

Easter Candy 6

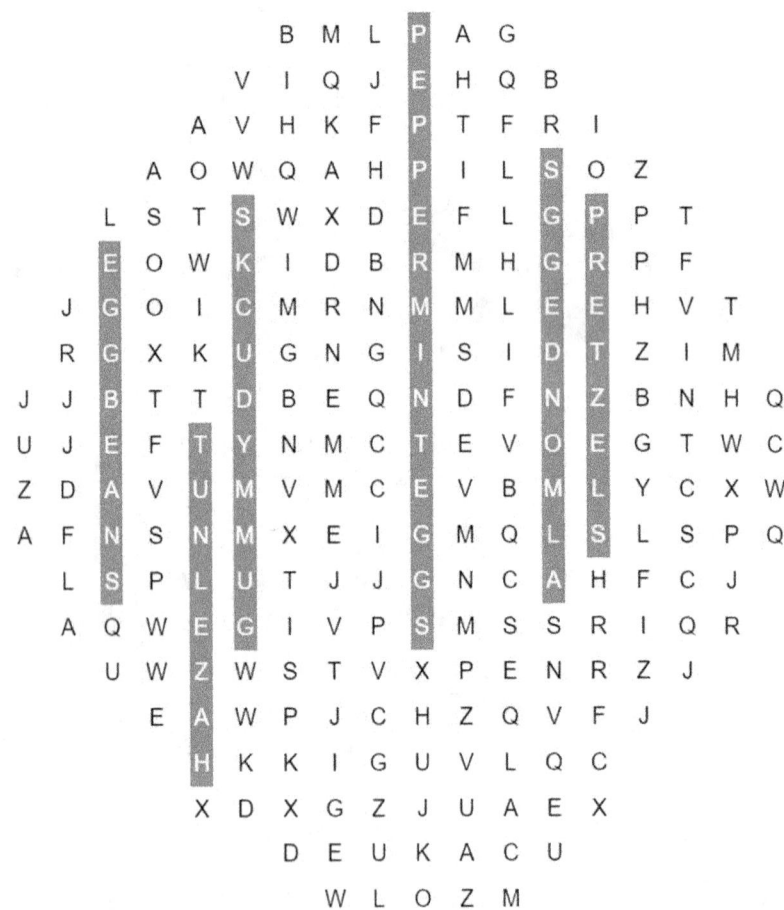

GUMMYDUCKS EGGBEANS PRETZELS
HAZELNUT ALMONDEGGS PEPPERMINTEGGS

Easter Candy 3

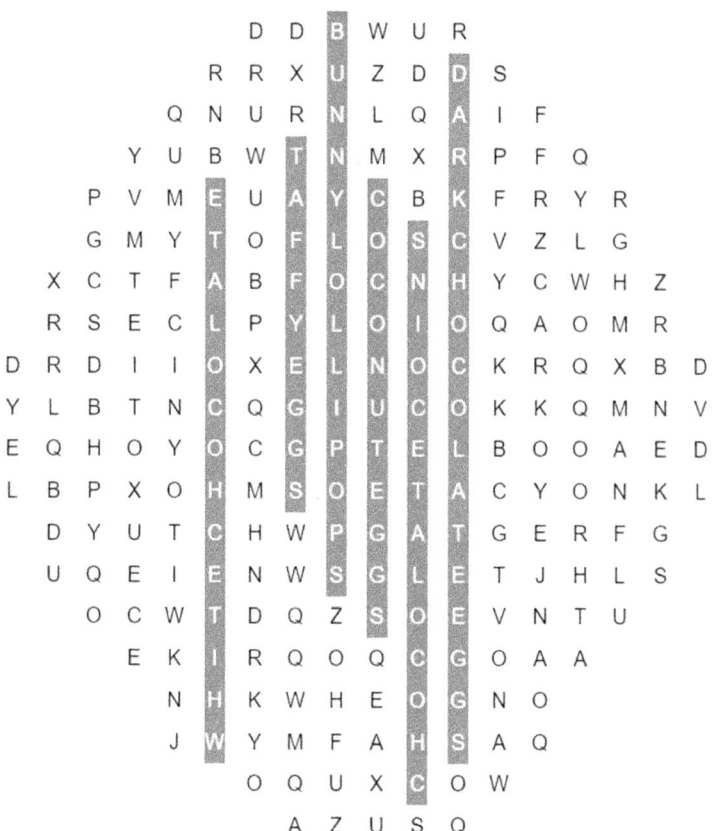

TAFFYEGGS COCONUTEGGS DARKCHOCOLATEEGGS
BUNNYLOLLIPOPS WHITECHOCOLATE CHOCOLATECOINS

Easter Candy 4

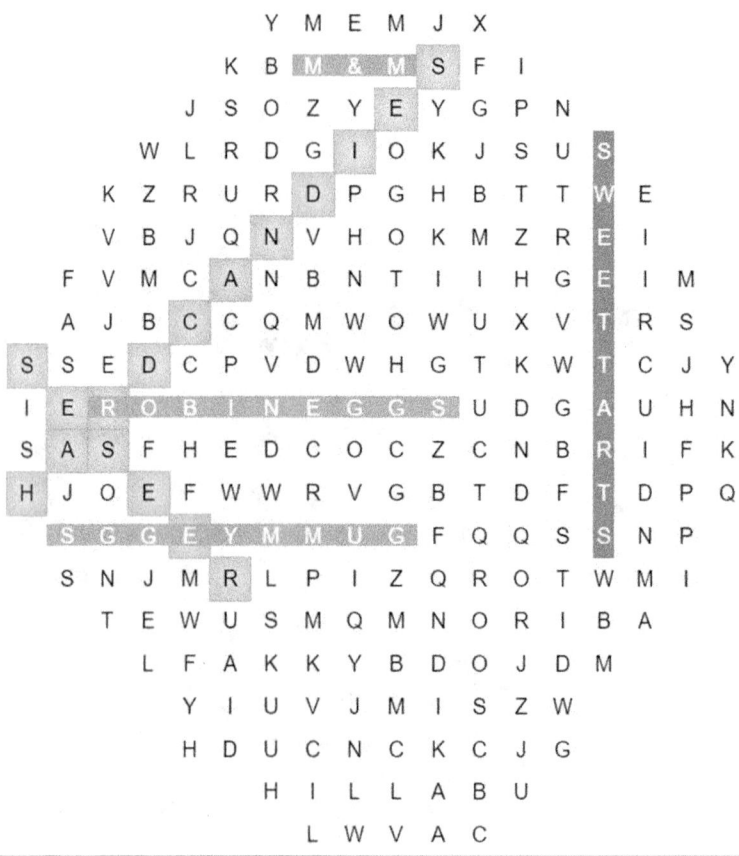

REESES
ROBINEGGS

M&M
SWEETTARTS

GUMMYEGGS
HARDCANDIES

Easter Candy 7

MOCHAEGGS
CARAMELIZEDEGGS
DARKMINTCANDY
SEASALTCARAMEL
PRALINEEGGS

Easter Candy 8

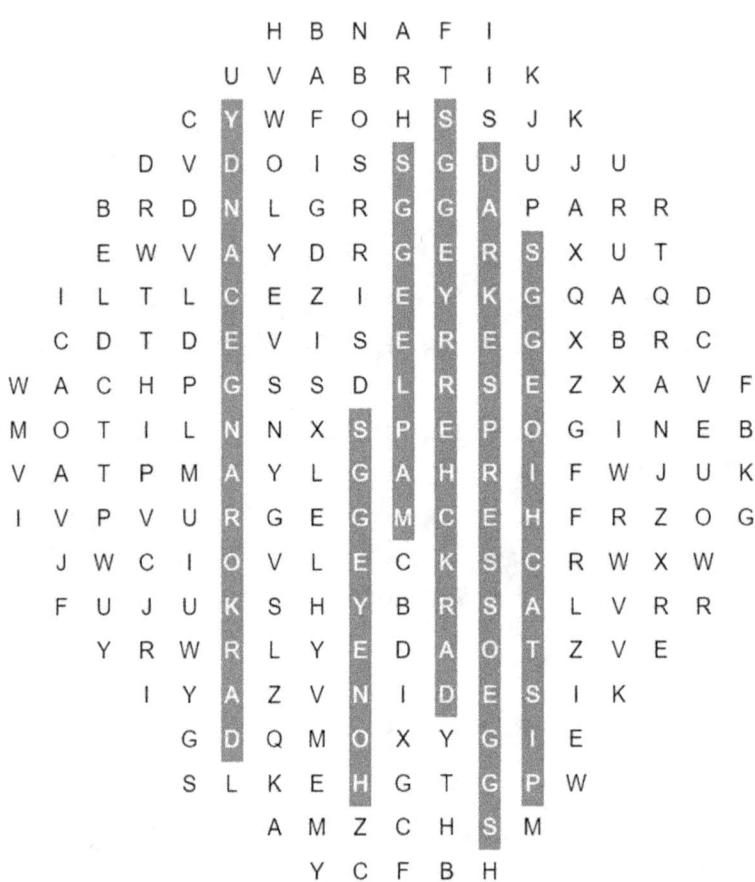

PISTACHIOEGGS
HONEYEGGS
DARKCHERRYEGGS
DARKORANGECANDY
MAPLEEGGS
DARKESPRESSOEGGS

Easter Candy 9

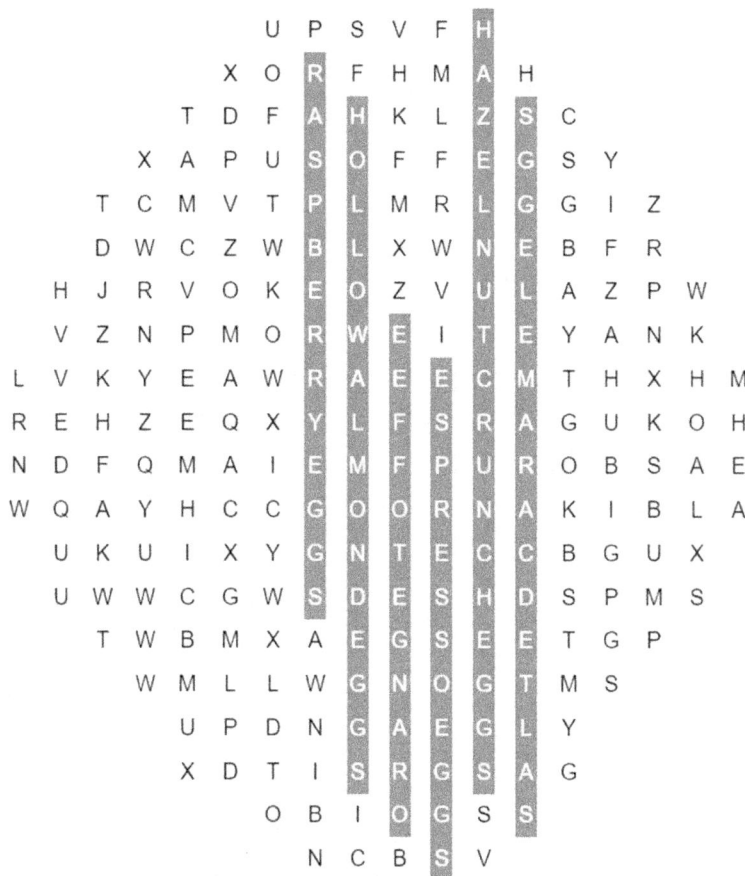

RASPBERRYEGGS ORANGETOFFEE ESPRESSOEGGS
HAZELNUTCRUNCHEGGS SALTEDCARAMELEGGS HOLLOWALMONDEGGS

Easter Candy 10

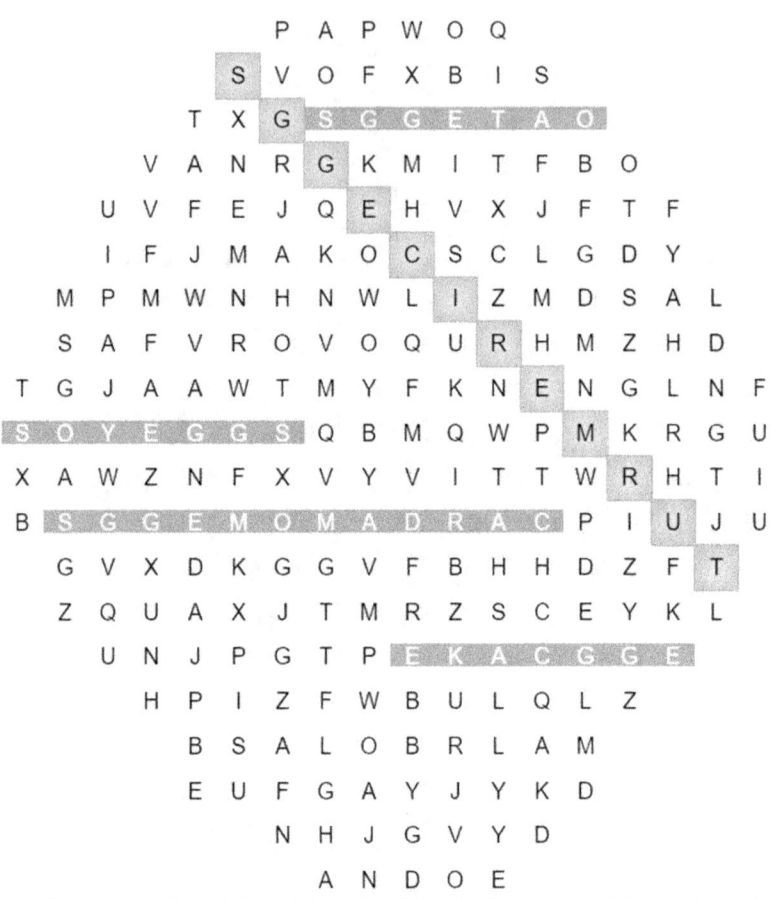

EGGCAKE SOYEGGS OATEGGS
CARDAMOMEGGS TURMERICEGGS

Easter Tridium 1

VIGILMASS THEBLESSING EASTERFOOD
EASTERFIRE PASCHALCANDLE EASTERLILIES
PAGEANTS

Easter Tridium 2

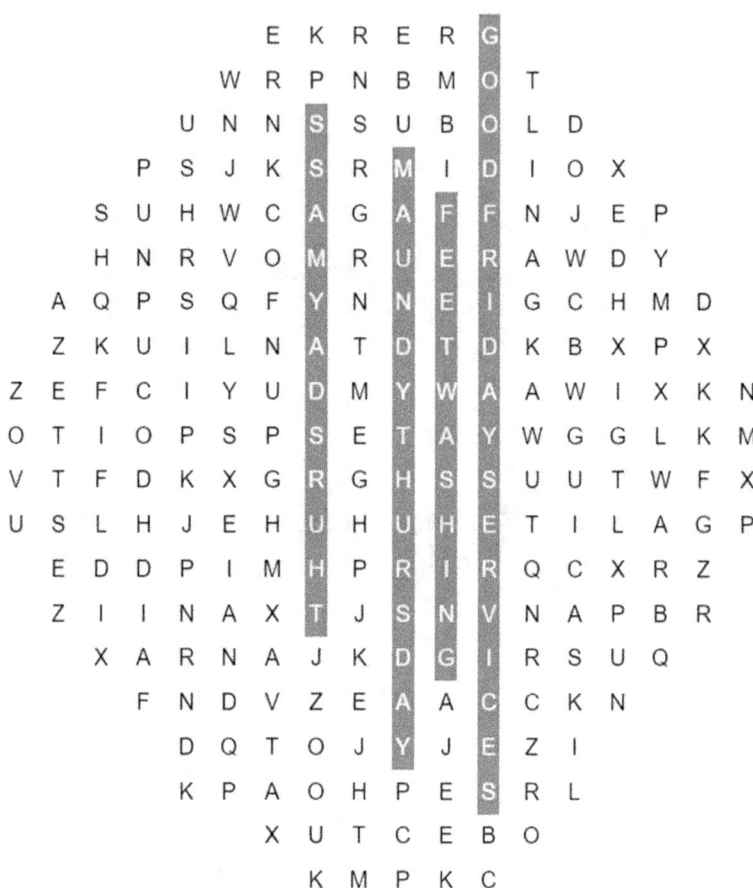

THURSDAYMASS	FEETWASHING	MAUNDYTHURSDAY
GOODFRIDAYSERVICES

Easter Tridium 3

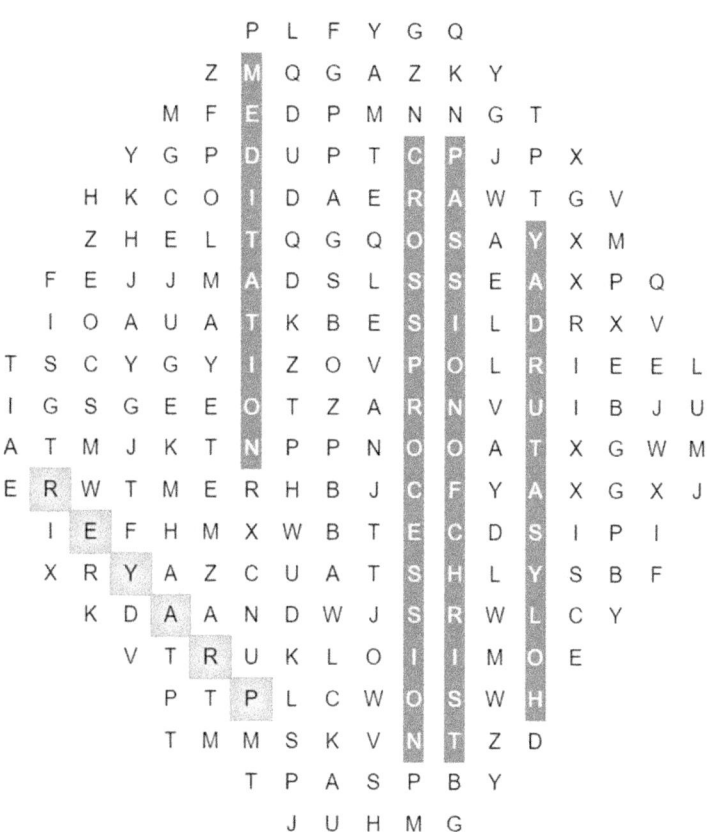

CROSSPROCESSION   PASSIONOFCHRIST   PRAYER
MEDITATION   HOLYSATURDAY

Easter Tridium 4

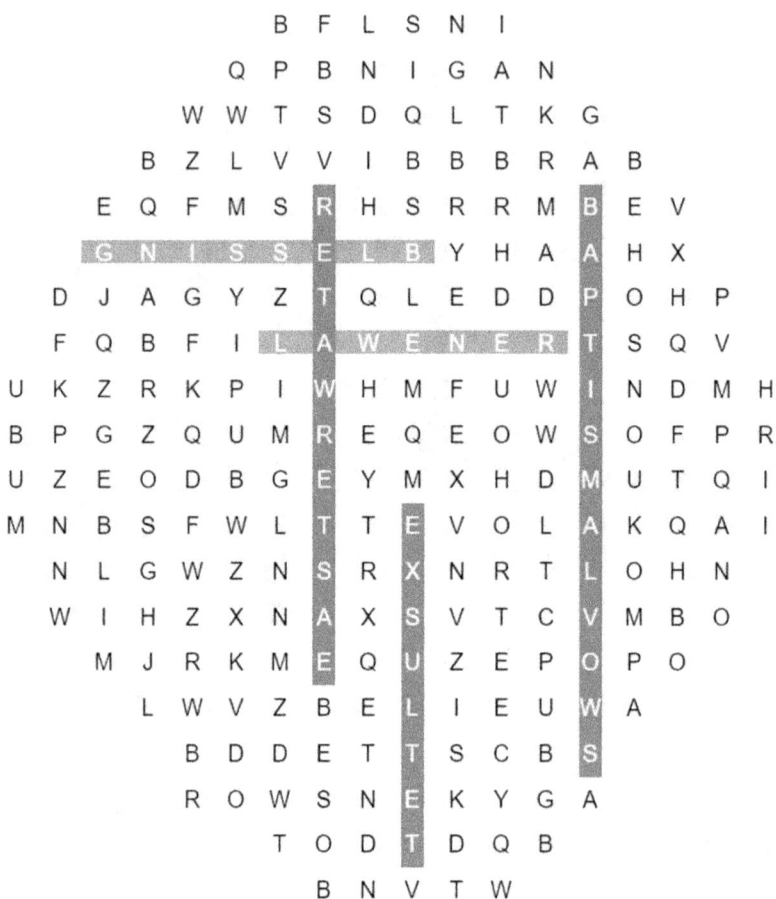

BAPTISMALVOWS   EXSULTET   EASTERWATER
RENEWAL   BLESSING

Easter Tridium 5

FLOWERS	BRUNCH	FAMILY
FRIENDS	EASTERGIFTS

Healthy Easter Activities 1

TRAILRUNNING HORSERIDING PADDLEBOARDING
ICESKATING SNOWSHOEING PARAGLIDING

Healthy Easter Activities 2

EGGTWISTS   NATUREHIKE   BIKERIDE
YOGA   MEDITATION   GARDENTOUR

Healthy Easter Activities 3

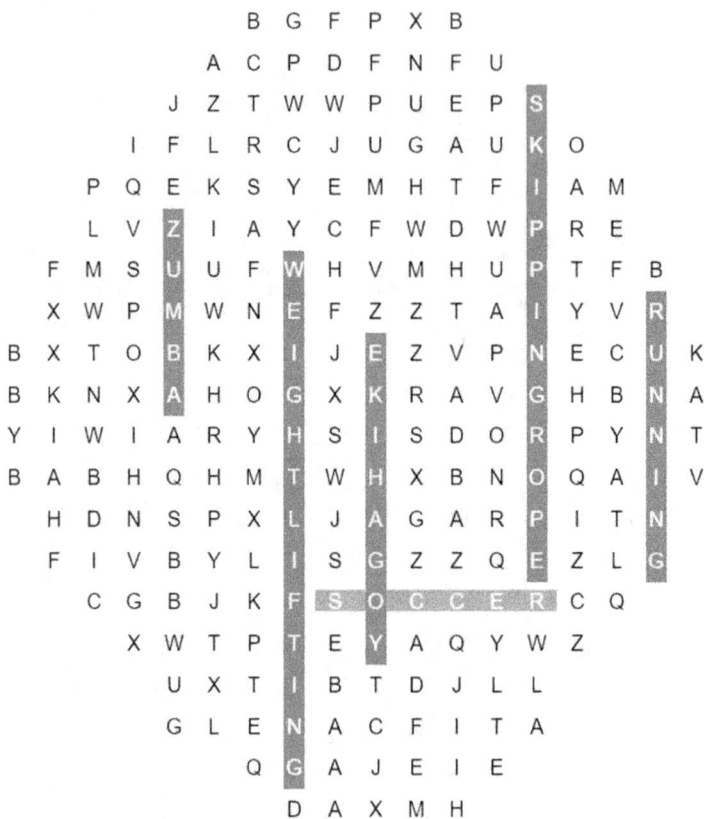

| SOCCER | SKIPPINGROPE | WEIGHTLIFTING |
| RUNNING | ZUMBA | YOGAHIKE |

Healthy Easter Activities 4

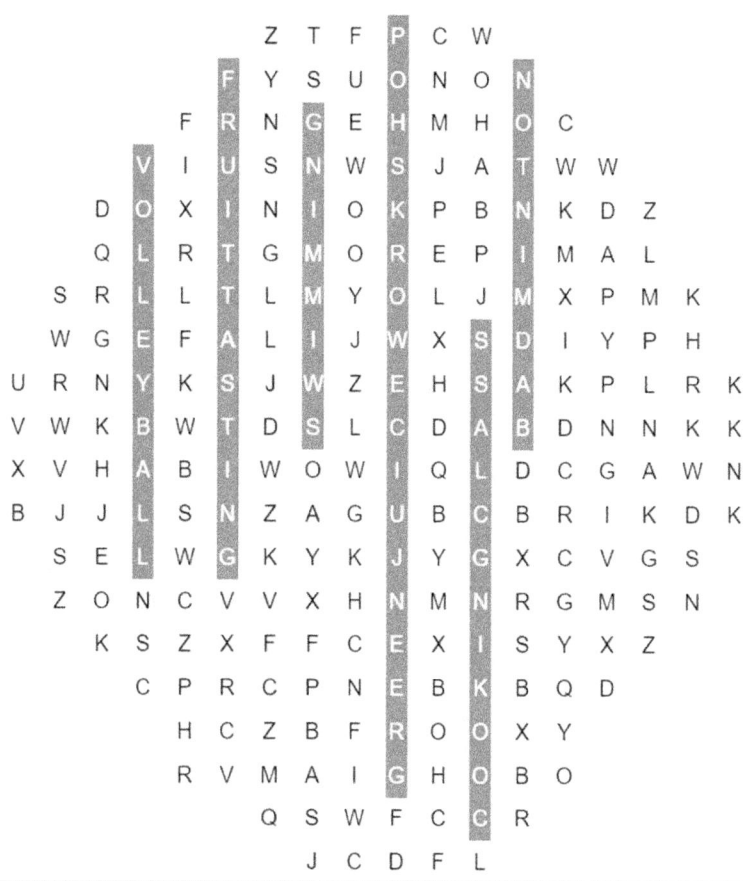

FRUITTASTING   COOKINGCLASS   GREENJUICEWORKSHOP
SWIMMING   VOLLEYBALL   BADMINTON

Healthy Easter Activities 5

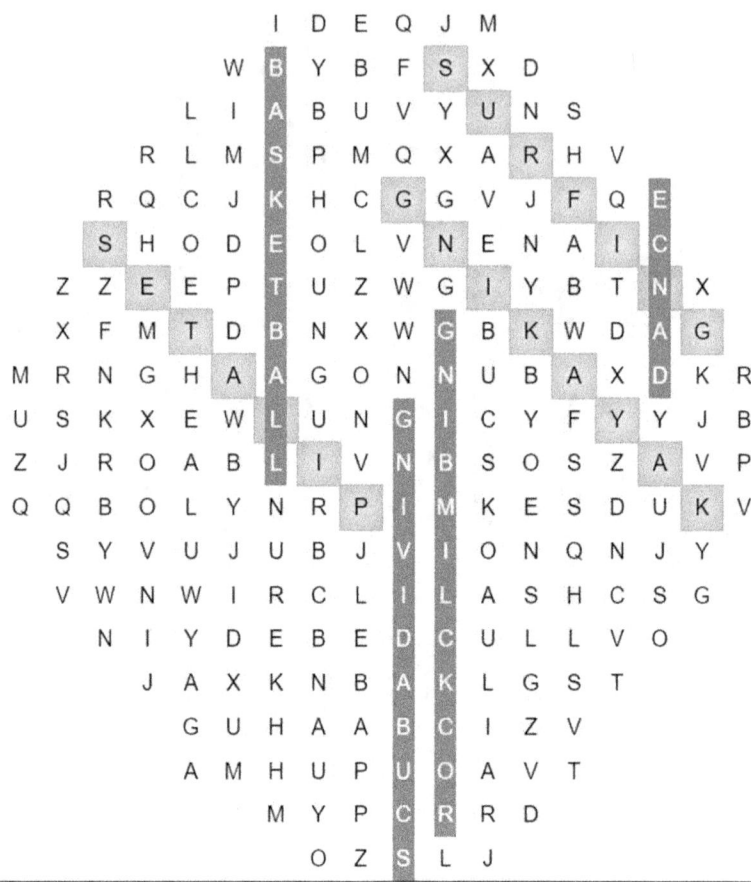

BASKETBALL PILATES DANCE
KAYAKING SURFING SCUBADIVING
ROCKCLIMBING

www.ingramcontent.com/pod-product-compliance
Lightning Source LLC
Chambersburg PA
CBHW050356120526
44590CB00015B/1715